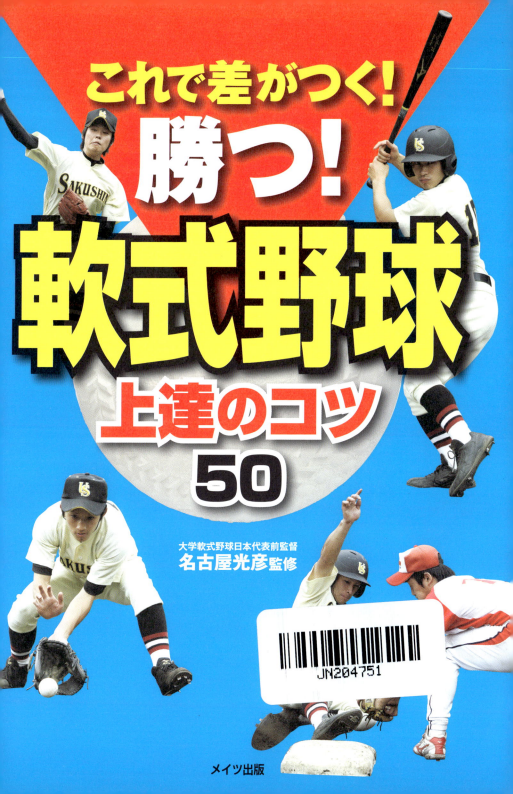

RUBBERBALL BASEBALL

はじめに

　全国にはどのくらいの軟式野球チームが存在しているのでしょう？　1000チーム？　10000チーム？　いや、それ以上かと思います。たくさんあるチーム、競技者の中、試合で活躍できるようになるためには、どうしたらよいのでしょう。この本では中級者向けに、上級者になるための考え方や、チームが勝利するためのコツを、50の項目にわけて解説しています。

　軟式野球は「ヒットを打たなくても勝利できる」「硬式野球よりも難しいと感じる」のような意見が多く聞かれます。それでは、軟式野球において勝利するためには、一体どのような考え方が必要なのでしょうか。すごいピッチャーがいれば勝てるでしょうか。チーム打率が高いだけで勝利できるでしょうか。

　私は「チーム全体のバランス」が必要だと考えます。個々の技術をあげ、1人ひとりが上級者になることはもちろん必要ですが、チームで同じ目標を見て進むことが大切。オーダーの組み方、戦術、ゲーム展開の見極めなど、様々な方向から「試合で活躍できるようになるための軟式野球」を解説します。さらに自身のプレースタイルを見直すきっかけにもしてみてください。

　考え方が変われば、誰しもが今の実力よりもさらに向上する可能性を秘めています。みなさんの所属するチームが、勝利のヒントを見つけられれば幸いです。

名古屋 光彦

※本書は2010年発行の
　『試合で大活躍できる！軟式野球 上達のコツ50』を元に加筆・修正を行ったものです。

軟式野球

試合で大活躍できる。
勝てるようになる！

状況に応じたピッチング、自分が出塁し、ランナーを進塁させるバッティング、エラーのないフィールディング、そしてベンチが一丸となって戦うことのできる、連携のとれたチームワーク。これらを身につけると、そのチームは勝てるようになる。実際のプレーに必要な技術や、ありがちな状況を例にあげて、自分たちが有利に試合を運ぶための50の「コツ」を紹介。実戦にいきるテクニックを身につけて、軟式野球の達人を目指す！

試合中の様々な場面を想定し、
その対処をわかりやすく解説。

即実戦に役立つ
軟式野球の技術・戦術書

スーパープレーを
身につける
**最短
ステップ**

① できないところを知る
② 強化したい技術、コツのページを開く
③ 3つのツボを頭にたたき込む
④ 練習をくり返して自分のものに！

本書の使い方

本書は最初から読み進めるべき解説書ではありません。各テクニックが見開き完結となっており、みなさんの知りたい、習得したい項目を選んで、読み進めることができます。

各テクニックは、それぞれ重要な3つの「ツボ」で構成され、習得のポイントをわかりやすく解説しています。

コツがわかるから覚えやすい。覚えやすいから身につきやすい。ぜひ、習得したテクニックを試合で役立ててください。

コツ No.
50項目のテクニックを紹介。すべて自分のものにしてレベルアップを図る。

コツ No. 06 ▶▶▶ バッティング
体のひねりを使えばもっと楽に飛ばせるようにな

ココが直る 振っている割に飛ばない悩みが解消。イメージどおりの飛距離が出せ

飛距離を出すには
バッティングを総合的に捉える

自分では力強くスイングしているつもりなのに、意外に飛距離が出ないという悩みはないだろうか。飛ばすためには、**体幹のひねりでスイングエネルギーをためる**。そのエネルギーを、**ヒッティングポイントの調整やバランスのよいスイングでボールに効率よく力を伝える**。そういった要素が総合的に必要になる。

筋力はすごくあるのに、意外と飛ばないバッターがいるのは、何か欠けている要素があるからだ。

効くツボ
1. 体幹を使う
2. ヒッティングポイントに集中
3. スイングをコンパクトにする

ココが直る
そのテクニックを習得することで、足りなかった、修正できなかった部分を直すことにもつながる。

本文
紹介しているコツの概要を説明する。テクニックを使用する場面や状況などを整理しておく。

効くツボ
テクニックを3つのツボで表現。この「ツボ」さえおさえれば、テクニック習得はもう目前。

タイトル

具体的なタイトルで、身につけたいテクニックが一目瞭然。知りたいテクニックから読み進められる。

効くツボ1・2・3

3つのツボを詳しく、わかりやすく解説する。しっかり身につけ、1日も早い習得をめざす。

バッティング

効くツボ 1

体幹をひねって構え、筋肉が戻る力を利用する

打 球が飛ばないという人は、腕力に頼った打ち方をしている場合が多い。体幹を使うことが大切だ。体幹部をひねってパワーをためるイメージ。具体的には、筋肉、筋を含め、ひねって構えておき、そこでためたひねり戻ろうとする力を解放して、スイングエネルギーへとつなげる。

効くツボ 2

ヒッティングポイントをあわせることに集中する

コ ツ1でも紹介したヒッティングポイントを間違えないこと。手首が返る瞬間に打てば、ボールは思いのほか楽に飛ぶ。そのためには、まずは小さな動きから、力もあまり加えず、ヒッティングポイントをあわせることだけに集中する。徐々に力を加え、スイングスピードをあげていく。

効くツボ 3

スイングをコンパクトにしてバランスよく打つ

振 れば振るほど飛ばせると思っていないだろうか。しかし、振りすぎてバランスを崩しては本末転倒。スイングばかり大きくて、効率よく力を伝えられないから、派手な動きの割に飛ばないということが起きる。動きが少しコンパクトになっても、バランスよく振ったほうが飛ばせる。

やってみよう
ロングティーで飛距離確認

打球を遠くに飛ばすロングティーバッティングの練習がおすすめ。自力で飛ばす練習になるので、自分がイメージしたとおりの飛距離を出せているかを確認しやすい。

できないときはここをチェック ☑

表面の筋肉ばかりを使おうとすると、体の中の筋肉は使いにくい。体幹をひねり、体の内側の筋肉を使うように意識する。

Let's やってみよう

解説したテクニックを習得したら、さらなるレベルアップを図りたい。ここに掲載されている内容にもチャレンジ。

できないときはここをチェック

陥りやすいミスの例を具体的に紹介。解説通りにやってみても、なかなかうまくいかない。そんなときは、ここを読んでみる。

体の使い方・各パーツの基本

ピッチャー・野手

右腕
肩、ヒジ、手首、指先まで全部使って投げる。腕全体をしならせ、柔軟に使うことが大切だ。

肩
投球、送球動作において大切なのが肩。日頃から強化に努めるとともに、ケアも怠らないように。

足
地面から力をもらう投球、送球をめざすと、力強くなる。ピッチャーは走り込んで足を鍛えるようにする。

耳
平衡感覚を司るとともに、打球音を聞いて、ゴロやフライが飛んだ方向を把握する。

左腕
ボールを持たない左腕で上体バランスをとり、動作の安定を図る。

体幹
腹筋、背筋を使って上体をねじる。腕の振りは、体幹の動きに導かれるのが望ましい。

バッター・ランナー

耳

監督やランナーコーチの指示を聞く。また、相手バッテリーの声を聞くと投球の予測が立てられる。

目

動きにつられて、目線を上下にぶらさないことが大切。視線の安定がバッティングの安定につながる。

腕

両腕の連動により鋭いスイングをする。また、ランナーにおいては腕を速く振ると足の回転数もアップする。

足

地面からもらう力を、スイング、ダッシュの原動力とする。ランナーは急に止まれたり、方向を切り返せたりすることも大切。

腰

バッティングでは、腰を回してボディーターンをすると鋭いスイングができる。

これで差がつく! 勝つ!
軟式野球 上達のコツ50

PART 1 バッティング

ヒッティングポイントでいかに効率よくパワーを伝えられるかが大切。力を逃がさず、ボールを的確に捕える技術を身につける。選球眼の鍛え方もあわせて紹介する。

コツ No.01 始動でリラックスし
無駄な動きをそぎ落とす —— 12

コツ No.02 自分の個性を磨くと
打撃力の向上がかなう —— 14

コツ No.03 手首が返る瞬間なら
エネルギーを存分に伝えられる —— 16

コツ No.04 選球眼を鍛えると
ボールを正確に見極められる —— 18

コツ No.05 軸を立てれば
勢いのある安定したスイングができる — 20

コツ No.06 体のひねりを使えば
もっと楽に飛ばせるようになる —— 22

コツ No.07 ねらいどおりに打ち分けて
ランナーの進塁を促す —— 24

コツ No.08 「引っ張る」イメージで
逆方向への打撃力をあげる —— 26

コツ No.09 送りバントは高く構えて
それより低いボールに仕掛ける —— 28

コツ No.10 ファウルを覚悟して
きわどく塁線上をねらう —— 30

コツ No.11 ライトかショートねらいで
ヒットエンドランを仕掛ける —— 32

コツ No.12 たたきつけて弾ませて
3塁ランナーを生還させる —— 34

知っていると必ずトクする もっと活躍できるようになる **意識改革で急成長 3Point** —— 36

PART 2 ピッチング

試合で本当に使えるピッチング技術を身につける。効果的な配球の仕方、変化球の使い方を解説。ピッチャーとしての心構え、チームに対して担う役割も紹介する。

コツ No.13 軸足に体重を乗せ
体幹をひねって力をためる —— 38

コツ No.14 練習で努力の姿勢を示し
仲間からの信頼を得る —— 40

コツ No.15 リリースポイントの安定が
コントロール力を高める —— 42

コツ No.16 インコースを使って
相手に的を絞らせない —— 44

CONTENTS

コツ No.**17** 低めにボールを集めて
バッターの引っかけを誘う —— 46

コツ No.**18** 落ちる系の変化球に
低めの高速ストレートを混ぜる —— 48

コツ No.**19** 変化球を随所に混ぜて
的を絞らせない —— 50

コツ No.**20** ヒザ元で変化するボールで
三振を奪いにいく —— 52

コツ No.**21** 三振か打たせてアウトか
局面に応じて投球する —— 54

知っていると必ずトクする もっと活躍できるようになる 守備と走塁で好機到来 3Point —— 56

PART **3** フィールディング

激しくスピンするボール、高く弾むバウンドなど、軟式野球特有のフィールディングを理解する。硬式野球よりも対応力を必要とする高度な技術習得をめざす。

コツ No.**22** 内野手は3歩、外野手は5歩手前で
守備力はもっと高まる —— 58

コツ No.**23** 定位置を変更して
自軍に有利に守備を固める —— 60

コツ No.**24** 「つかみ捕る」感覚で
安定した捕球ができる —— 62

コツ No.**25** 受け手の立場を考えれば
送球エラーはなくなる —— 64

コツ No.**26** 速やかに送球体勢を整え
バッターに出塁の機会を与えない —— 66

コツ No.**27** 強い回転のボールは
回転の方向を見極めてつかみ捕る —— 68

コツ No.**28** ピッチャーの守備の高さが
相手バッターに重圧をかける —— 70

コツ No.**29** キャッチャーは守備の要
積極的に声をかけて盛りあげる —— 72

コツ No.**30** 予想外の牽制球を使って
ランナーをアウトにする —— 74

コツ No.**31** ダブルプレーはねらわず
最低1つのアウトをとる —— 76

コツ No.**32** 外野手はカバーを信じ
積極的な守備をこころがける —— 78

コツ No.**33** 外野手は「素早く」
内野手は「備える」 —— 80

コツ No.**34** 高く弾みきる前に
積極的に捕りにいく —— 82

知っていると必ずトクする もっと活躍できるようになる 週2の団体練習で全国へ 3Point —— 84

9

CONTENTS

PART 4 ベースランニング

走塁は、ただ単に速く走れればいいというわけではない。スタートのきり方や、スライディングのコツ、オーバーランで相手チームを威嚇する方法など、1歩上をいくベースランニングのテクニックを身につける。

コツ No.35 全力の走塁を見せて
相手にプレッシャーをかける —— 86

コツ No.36 進塁の意識を6割
戻る意識を4割もつ —— 88

コツ No.37 右足体重で構えれば
スムーズなスタートがきれる —— 90

コツ No.38 寸前に、低い姿勢をとり
スピードを落とさず滑り込む —— 92

コツ No.39 積極的なオーバーランで
守備陣を慌てさせる —— 94

コツ No.40 相手の癖を見抜けば
走塁は成功する —— 96

コツ No.41 「いける」と判断したら
迷わずスタートする —— 98

コツ No.42 足が速くなくても
相手を十分に脅かせる —— 100

知っていると必ずトクする もっと活躍できるようになる **まずはやってみる** 3Point —— 102

PART 5 チームプレー

常識的なオーダーの決め方にとらわれることなく臨機応変に戦術を変えられる柔軟性のあるチーム戦略を身につける。技術だけでなく、仲間との連携や相手チームへのリスペクトなど野球人としての成長にもつなげたい。

コツ No.43 チームが一丸となれば
もっと高い能力をひきだせる —— 104

コツ No.44 周囲をよく見て
情熱と冷静のバランスを保つ —— 106

コツ No.45 サード、セカンド、ライトに
センスのある選手を配置する —— 108

コツ No.46 最強バッターが4番に
こだわる必要はない —— 110

コツ No.47 プレーボールの前から
試合は始まっている —— 112

コツ No.48 波をコントロールし
試合に勝つリズムをつくる —— 114

コツ No.49 何が何でも勝ちたい
気持ちが最後に勝敗を分ける —— 116

コツ No.50 相手チームへの敬意が
さらにチーム力を向上させる —— 118

※本書は2010年発行の『試合で大活躍できる！ 軟式野球 上達のコツ50』を元に加筆・修正を行ったものです。

Batting
バッティング

ヒッティングポイントでいかに効率よくパワーを伝えられるかが大切。
力を逃がさず、ボールを的確に捕える技術を身につける。
選球眼の鍛え方もあわせて紹介する。

PART 1

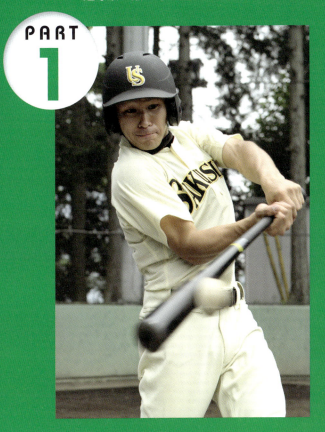

コツNo.		コツNo.		コツNo.	
01	始動でリラックスし 無駄な動きをそぎ落とす ── 12	05	軸を立てれば 勢いのある安定したスイングができる ── 20	09	送りバントは高く構えて それより低いボールに仕掛ける ── 28
02	自分の個性を磨くと 打撃力の向上がかなう ── 14	06	体のひねりを使えば もっと楽に飛ばせるようになる ── 22	10	ファウルを覚悟して きわどく塁線上をねらう ── 30
03	手首が返る瞬間なら エネルギーを存分に伝えられる ── 16	07	ねらいどおりに打ち分けて ランナーの進塁を促す ── 24	11	ライトかショートねらいで ヒットエンドランを仕掛ける ── 32
04	選球眼を鍛えると ボールを正確に見極められる ── 18	08	「引っ張る」イメージで 逆方向への打撃力をあげる ── 26	12	たたきつけて弾ませて 3塁ランナーを生還させる ── 34

コツ No. ▶▶▶ バッティング
始動でリラックスし無駄な動きをそぎ落とす

> 💡 **ココが直る** ヒッティングポイントに、力を集約させるスイングができる。

バッドヘッドをあげヒザをしぼってスイングする

　バッティングで大事なことは、**無駄な動きをしない**こと。柔らかい構えから、バッドヘッドをあげ、ヒザをしぼってスイングする。

　野球は、すべてが確率となって表われるスポーツだ。打率でいえば、何割何分何厘まで示される。無駄な動きが増えるほど、この確率がさがってしまうと心得る。

　特に力むと、無駄な動きをしてしまいがち。スイングの始動時にはリラックスをこころがけ、柔らかく構えることが大切になる。

 効くツボ
1. 始動時にリラックスする
2. 手首は親指側に角度をつける
3. ヒザをしぼる

バッティング

効くツボ 1
スイングの始動時に力を抜いてリラックスする

バッターは、どうしても遠くに飛ばしたいと思ってしまう。しかし、この思いが強くなりすぎると、力んでしまい、肝心なボールを打つポイントで力を入れられなくなる。柔らかい構えから始動することが大切。そうすれば、ヒッティングポイントでしっかりボールに力を伝えられる。

効くツボ 2
親指側に角度をつけて力強い手首の形をつくる

関節の構造上、手首は親指側に角度をつけた形が力を入れやすい。しかし実際には、手首が伸びた非力なフォームで打っている人が多い。バッドヘッドがさがると、手首が伸びてしまう。打つ方向にもよるが、手首に角度をつけてバッドヘッドをあげる。すると、ボールをより楽に飛ばせる。

効くツボ 3
ヒザをしぼることで力を集約する

ヒッティングポイントに、全身の力を集約させることが大切。そのために意識してほしいのが、ヒザ。ヒザをしぼると、力を一点に集中できる。人間の体は、ヒザが開くと、腰も開くようにできている。すると、力の入れどころが定まらないだらけたスイングになりがちなので注意しよう。

やってみよう
タオルでスイングしよう！
タオルをバットに見立ててシャドースイングをやってみよう。力が入りすぎると、振り方がぎこちなくなる。柔らかく、ゆっくりと振って、スイングを確認するとよい。

できないときはここをチェック ✓
意外と自分のスイングがどうなっているのか、わからないものだ。ビデオや鏡でチェックするとよい。悪い部分を客観的に自覚できるようになる。

コツ No.02 ▶▶▶ バッティング
自分の個性を磨くと打撃力の向上がかなう

> **ココが直る** 自分のタイプがわかり、適正にそったバッティングができる。

自分に適したバッティングスタイルでプレーする

自分がどんなバッターなのか、今一度確認してみる。 この作業が、中級者の壁を一気に破り、上級者になるためのきっかけになる。

「ホームランを打ちたい」という思いがあっても、長距離バッターではないタイプもいる。パワーよりも、スピードが持ち味というタイプは、ヒットねらいで機動力をいかしたほうがよい。

自分のタイプを見極め、適したバッティングスタイルでプレーすれば、一層レベルアップする。

効くツボ
1. 自分のタイプを見極める
2. バネをいかして長打ねらい
3. スピードをいかしてヒットねらい

14

バッティング

効くツボ 1

自分のタイプを見極めて個性を伸ばす

長距離バッターといえば、体が大きいイメージがある。しかしそれだけで、ホームランバッター向きと判断するのは早い。逆に、小柄でも体がしっかりしていて、パワーのあるタイプもいる。体格だけで判断してはいけない。自分のタイプを見極め、個性を伸ばしていくことが大切だ。

効くツボ 2

体にバネのあるタイプは長打ねらいのバッターをめざす

体にバネのあるタイプは、ホームランバッター向き。体を柔らかく、大きくひねり、全身の力をボールに伝えて打つのがうまい。スイングスピードが速いのが特徴だ。こういうタイプは体が小さくても、長距離バッターをめざすとよい。体の大きさだけでは判断できないので要注意。

効くツボ 3

スピードのあるタイプはコンパクトな打ち方でヒットねらい

パワーはないが、スピードがあるタイプは、小細工ができる器用なタイプ。ヒットねらいで機動力をいかすようにしよう。特に、軟式野球では長打は出にくいから、いたずらに大振りしても効果が出にくい。コンパクトに鋭く振るバッティングスタイルをめざせば、今より打率の向上も望める。

Let'sやってみよう

中間タイプはハイバランス

パワーのあるタイプとスピードのあるタイプがいるが、中にはその中間タイプという選手もいる。そういう選手はバランスがよい。長所を見極めれば、チームに大きく貢献できるようになる。

できないときはここをチェック ✓

野球経験が長い人で、伸び悩んでいるのであれば、成長過程を振り返ってみる。子どもの頃のバッティングに、自分の適性が見つかることが多い。

コツ No.03 ▶▶▶ バッティング
手首が返る瞬間なら
エネルギーを存分に伝えられる

ココが直る 正しいヒッティングポイントで捕え、力強い打ち方ができる。

ヒッティングポイントを変えれば瞬時にバッティングがよくなる

　ヒッティングポイントを、誤って認識している人が多い。試しにヒッティングポイントのフォームをとらせると、中級レベルの人はたいてい、誤った場所になっている。つまり、どこで打てば打球がよく飛ぶのか、わからないままバッティング練習をしているのだ。

　まずは正しいヒッティングポイントを認識することが大切。正しいヒッティングポイントを身につければ、フォームを変える以上に、すぐにバッティングはよくなる。

効くツボ
1. 手首が返る瞬間に打つ
2. ゾーンで捕える
3. 力を逃がさない

16

バッティング

効くツボ 1

手首が返る瞬間が
正しいヒッティングポイント

正しいヒッティングポイントは、手首が返る瞬間だ。ところが、多くの人はその直前の、手首を残した形がヒッティングポイントだと誤認している。長い棒を持って先端を押してもらった場合、前者は強く支えられるが、後者は簡単に押し戻される。手首が返る瞬間にポイントを定める。

効くツボ 2

ゾーンで捕えれば
対応幅が広がる

ヒッティングポイントというと、文字どおり点を意識する人が多い。しかし、それだと対応できる幅が限られてしまう。ヒッティングポイントは、ゾーンだ。手首が返る可動域が、そのゾーンにあたる。この幅の中ならどこで捕えても調整可能。幅を広く使ってうまくさばいているのが、イチローだ。

効くツボ 3

力を逃がさず、ボールに
スイングエネルギーをぶつける

スイングエネルギーを逃がさず、余すことなくボールにぶつけることが大切。芯を外すとかなりの力が逃げるので、芯で捕えることと、手首を返すヒッティングポイントを意識することが重要。腕力がなくても、力を逃がさない打ち方をすれば、非力を補うことも十分可能だ。

やってみよう

回数をこなす

自分のヒッティングポイントを正しく認識したら、ティーバッティングをくり返しやってみよう。回数をこなすことで、そのポイントを体に染み込ませることができる。

できないときはここをチェック ☑

ヒッティングポイントがわからなければ、長い棒を持ち、その先端を押してもらうとよい。押し負けないところが、正しいヒッティングポイントだ。

17

コツ No.

04 ▶▶▶ バッティング
選球眼を鍛えると
ボールを正確に見極められる

> ココが直る　ボールの見極めができるようになり、ボール球で振ることがなくなる。

ボール球を振らない上級者の見逃し方を身につける

　バッティングは、スイング技術を磨くだけでは向上しない。相手ピッチャーの投げるボールを見極める**「選球眼」を養うこともとても大切だ。**同じコースに投げられたボールでも、スピード、回転、球筋が同じボールは2球とない。だから見誤ると、打球タイミングをあわせられなくなったり、ボール球で振ってしまったりする。

　上級者ほど、見逃し方がうまい。選球眼を鍛えれば、バッティング技術も向上する。

効くツボ
1. ピッチング練習に参加する
2. 集中してボールから目を離さない
3. ピッチャーとの間合いを意識する

バッティング

効くツボ 1
ピッチング練習に参加し選球眼を鍛える

ピッチャーがピッチング練習をしているときに、バッターボックスに立ち、選球眼を鍛える練習をする。ボールを打つのが目的ではないので、バットは持たなくてもよい。プロが春季キャンプでも取り入れているメニューだ。いきたボールを見極める目を、養うことができる。

効くツボ 2
ボールへの集中力が選球眼を鍛える

いいバッターは、ボールにとても集中している。この集中力こそ、選球眼につながる。初中級者は、4、5回くらいになると集中力が薄れがち。ボールから目が離れるのだ。ビデオのスロー再生で確認すると、いいバッターはボールから目が離れていない。それくらい集中することが大切だ。

効くツボ 3
相手ピッチャーとの間合いを意識する

選球眼を鍛えると同時に相手ピッチャーとの間合いを意識して、リズムをあわせることが大切だ。足踏みをしたり、バットを小刻みに動かしたりと人それぞれでよい。間合いを意識して取り込むと、ボールを正確に見極められるようになり、選球眼もより鍛えられる。

やってみよう
ボールの縫い目を見る

集中するためには、ボールの縫い目を見るようにするとよい。よく見ていると、見え方は人それぞれだが、ボールがどの方向に回転しているのかは、視認できるはずだ。

できないときはここをチェック ✓

日々の練習も危機感を持って取り組むとよい。たとえば、9回の土壇場で1打逆転のチャンス。こういう危機感の迫る場面では、人間は集中する。

コツ No.05 ▶▶▶ バッティング
軸を立てれば勢いのある安定したスイングができる

ココが直る 軸回転や体重移動を使った打ち方ができるようになり、手打ちがなくなる。

体の軸を垂直に保ったまま前方に体重移動する

　ボールをうまく捕えるためには、体の軸がとても重要。まっすぐ立てるように意識する。たとえばコマは、回転軸がまっすぐに立っているからこそ、勢いのある安定した回転運動を持続させることができる。

　バッティングは、これに体重移動の力が加わることになる。**体重移動をするときには、軸が突っ込まないように注意すること。**そうしてバランスのよいスイングを完成させることが大切だ。

効くツボ
1. 関節に余裕をもたせる
2. 軸をまっすぐに保つ
3. 軸を保ったまま体重を移動する

バッティング

効くツボ 1

関節に余裕をもたせた
バランスのよい構え方をする

っ立ったり、極端に体を曲げて構えたりするのはよくない。ヒザ、ヒジの関節に余裕をもたせて、全身にゆとりのある構え方をこころがける。バットを立てて頭上に掲げ、そこからストンと力を抜いて胸の前に落としてみる。その姿勢が、バランスのよい構えの目安になる。

効くツボ 2

体の回転軸を
まっすぐに保つ

体の芯となる軸を意識しながらスイングすることが大切。まっすぐに保てば、コマのような勢いのあるきれいな回転運動ができるようになる。特に、構えたときにはまっすぐでも、スイング中に崩れる人が多い。体の軸が折れ曲がったり、極端に傾けたりしないように注意する。

効くツボ 3

体重移動しながら
バランスよくスイングする

っすぐな軸を維持したまま、前方へ体重を移動する。このときに、軸が突っ込んでしまわないように注意する。軸が突っ込むと、バットの出方が遅れて振り遅れる原因になる。ボールを打つタイミングがずれるのは、この突っ込み癖によることが多いので、十分に気をつける。

やってみよう
後ろや横からのトスを打つ
後ろや横からボールをトスしてもらうティーバッティングをしよう。軸が突っ込まない、バランスのよいスイングフォームを身につけられる。プロもしている効果的な練習法だ。

できないときはここをチェック ☑
どうしても軸が突っ込んでしまうという人は、スイングする直前に左肩を前から、パートナーに押さえてもらうとよい。突っ込み癖を改善できる。

21

コツ No.06 ▶▶▶ バッティング
体のひねりを使えば もっと楽に飛ばせるようになる

 ココが直る 振っている割に飛ばない悩みが解消。イメージどおりの飛距離が出せる。

飛距離を出すには
バッティングを総合的に捉える

自分では力強くスイングしているつもりなのに、意外に飛距離が出ないという悩みはないだろうか。飛ばすためには、**体幹のひねりでスイングエネルギーをためる**。そのエネルギーを、**ヒッティングポイントの調整やバランスのよいスイングでボールに効率よく力を伝える**。そういった要素が総合的に必要になる。

筋力はすごくあるのに、意外と飛ばないバッターがいるのは、何か欠けている要素があるからだ。

効くツボ
1. 体幹を使う
2. ヒッティングポイントに集中
3. スイングをコンパクトにする

22

バッティング

効くツボ 1

体幹をひねって構え、
筋肉が戻る力を利用する

打 球が飛ばないという人は、腕力に頼った打ち方をしている場合が多い。体幹を使うことが大切だ。体幹部をひねってパワーをためるイメージ。具体的には、筋肉、筋を含め、ひねって構えておき、そこでためておいたひねり戻ろうとする力を解放して、スイングエネルギーへとつなげる。

効くツボ 2

ヒッティングポイントを
あわせることに集中する

コ ツ No.01 でも紹介したヒッティングポイントを間違えないこと。手首が返る瞬間に打てば、ボールは思いのほか楽に飛ぶ。そのためには、まずは小さな動きから、力もあまり加えず、ヒッティングポイントをあわせることだけに集中する。徐々に力を加え、スイングスピードをあげていく。

効くツボ 3

スイングをコンパクトにして
バランスよく打つ

振 れば振るほど飛ばせると思っていないだろうか。しかし、振りすぎてバランスを崩しては本末転倒。スイングばかり大きくて、効率よく力を伝えられないから、派手な動きの割に飛ばないということが起きる。動きが少しコンパクトになっても、バランスよく振ったほうが飛ばせる。

🐾 やってみよう
ロングティーで飛距離確認
打球を遠くに飛ばすロングティーバッティングの練習がおすすめ。自力で飛ばす練習になるので、自分がイメージしたとおりの飛距離を出せているかを確認しやすい。

できないときはここをチェック ✓
表面の筋肉ばかりを使おうとすると、体の中の筋肉は使いにくい。体幹をひねり、体の内側の筋肉を使うように意識する。

コツ No. **07** ▶▶▶ バッティング

ねらいどおりに打ち分けて ランナーの進塁を促す

> **ココが直る** ベンチの指示に応じたコースの打ち分けができる。

**まずは自分のベストの
バッティングができることをめざす**

たとえばランナー1塁のシーン。右方向へ打って進塁を促すようにベンチから指示があった場合、バッターは打球方向を意識しすぎて、自分のバッティングができなくなることが多い。これでは、ランナーをいかすことも、自分がいきることも難しくなる。

まずは自分のバッティングをすることが第一。その上で、ベンチからの指示に従いコースをねらうべきだ。

効くツボ
1. 逆方向へはヘッドを立てて強振
2. 正方向へは体の開きをおさえる
3. スピード型は三遊間ねらい

バッティング

効くツボ 1

逆方向へのバッティングは
ヘッドを立てて強振する

右方向へ打てとベンチから指示が出た場合、バッターは振り遅れるような格好で非力な打撃をすることが少なくない。ヘッドを落とした打ち方になりやすいのだ。あくまでもコースは、ヒッティングポイントで打ち分ける。ヘッドを立ててしっかりボールを引きつける意識で強振する。

効くツボ 2

正方向へのバッティングは
体の開きをおさえる

引っ張りたい意識があると、体を開いて打つバッティングフォームになりやすい。しかしこれでは力が分散して、ヒッティングポイントに力を集約できない。また、バットだけ先に出すような引っかける打ち方にもなりがち。体の開きをおさえた力強いフォームで引っ張ることが大切だ。

効くツボ 3

スピードをいかすなら
三遊間をねらって打つ

左バッターなら、三遊間をねらう。ショートゴロになっても深い打球が出れば、内野安打になる可能性が高い。力がない人でも出塁できる。スピード型のバッターがねらっていきたいコースだ。注意点は**効くツボ2**と同様。体の開きと引っかけに気をつける。体を閉じて打つことが大切だ。

やってみよう
ねらえないときはねらわない
ベンチから指示があったとしても、相手ピッチャーの投球内容や自分の調子によっては、従えないこともある。凡打にするくらいなら、コースをねらわず思いきって打とう。

できないときはここをチェック ☑
つい体が開いてしまうという人は、フォーム固めに努めるとよい。体の左側に壁があるイメージ。くり返し素振りをすることで、悪癖を直せる。

25

コツ No. **08** ▶▶▶ バッティング

「引っ張る」イメージで逆方向への打撃力をあげる

 逆方向に流してしまうのではなく、しっかりと強い当たりで打ち返せる。

いいバッターは、逆方向へも強い打球を放つ

バッティングレベルを向上させるためには、逆方向へのバッティング技術を習得する必要がある。つまり、右バッターなら右へ、左バッターなら左へ打つテクニックを習得する。

逆方向のバッティングというと、「流し打ち」のイメージがあるかもしれないが、それだと当てるだけの弱々しい打ち方になりがちなので注意が必要だ。いいバッターには、逆方向へも強いボールを打つ能力がある。

 効くツボ
1. ヒジ、ワキをしぼる
2. 「引っ張る」イメージ
3. バッドヘッドを立てる

バッティング

効くツボ 1
ヒジ、ワキをしぼり力強くスイングする

流し打ちのイメージだと、体を泳がせて打つフォームを想像するかもしれない。しかし、これが打球を弱めてしまう原因。体を泳がせるのではなく、しっかりと力強いスイングをすることが大切。そのためには、ヒジ、ワキをしぼる。ヒジが伸び、ワキが開くと、力が逃げるので要注意。

効くツボ 2
逆方向へも「引っ張る」イメージ

逆方向へ打つときにも、「流す」イメージはもたない。ただチョンと当てるだけの打ち方になりやすいからだ。あくまでも、「引っ張る」意識をもつ。そのためには、ボールを引きつけることが大切。その上で、引っ張るイメージで最後まで振り抜くと、逆後方へも強いボールが打てる。

効くツボ 3
バッドヘッドを立てて逆方向に強振する

逆方向へ打つときに、バッドヘッドを落とす人が多い。しかし、これでは力強く打てない。しかも、ボールの下側を打ってしまいやすいので、ファウルやフライが多くなる。強いボールを打つには、ヘッドを立ててスイングすること。逆方向に打つときには、特に気をつけたいポイントだ。

やってみよう
逆側からトスしてもらう

通常のティーバッティングでは、右バッターなら右斜め前からトスしてもらう。しかし、逆方向へのバッティングは、左斜め前からのトスのほうが打ちやすい。力強く引っ張る気持ちで取り組んでみよう。

できないときはここをチェック ☑

どうしてもワキが開いたり、バッドヘッドを落としたりしてしまいがち。ボールにあわせるくらいの気持ちでトスバッティングから慣れていくとよい。

コツ No. **09** ▶▶▶ バッティング

送りバントは高く構えて
それより低いボールに仕掛ける

> 💡 **ココが直る** 送りバントの打ち損じがなくなり、ランナーの進塁をサポートできる。

送りバントの成功率は100%をめざす

　送りバントは、100％成功させるべき攻撃方法。盗塁やヒットエンドランが成立しないのは仕方がない。しかし、送りバントは確実に成功するよう仕掛けなければならない作戦だ。**送りバントの成功率により、試合の流れが決まる**といっても過言ではない。

　まずは、そういう意識をもつことがとても大切だ。その上で、テクニックの習得に励むと、送りバントのうまいバッターに成長できる。

効くツボ
1. 高くバットを構える
2. ヒザで高さをあわせる
3. ねらう方向にバットを定める

バッティング

効くツボ 1

ストライクゾーンの
一番上にバットを構える

バットを自分のストライクゾーンの一番上に構える。ここで構えれば、それより高いボールは見逃せばいい。下のボールにのみ集中してあわせていけばよいのだ。低く構える人がいるが、高めのボールを打ちにいったときに、フライにしてしまう危険性があるので注意する。

効くツボ 2

低いボールに対して、
ヒザで高さをあわせる

バットヘッドを高く構え、それよりも低いボールに対して送りバントを仕掛ける。ただし打ちにいくときに、バッドヘッドを下げないこと。手だけで操作しようとすると、フライが多くなってしまう。構えた形をなるべく崩さずに、ヒザを柔らかく使ってバントすることが大切だ。

効くツボ 3

ねらう方向に
バットの方向を定める

バントは、打つ瞬間にバットを引き、ボールの勢いを殺したいと思うかもしれない。特に硬式からの転向者はその傾向が強い。ただし、勢いを殺しすぎてキャッチャーが捕りやすいところに転がしてしまう過ちが多いのだ。ねらうコースにバットの方向を定めておき、押し出すイメージで打つ。

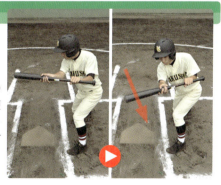

やってみよう
近距離で速球を投げてもらう

近くから速いボールを投げてもらい、それにバントを仕掛ける練習をする。構えが高く保たれているか、バッドヘッドが落ちていないかなど、投げてもらう人に確認してもらうとよい。

できないときはここをチェック ✓

できないときは、近い距離からゆっくりとトスしてもらい、フォーム固めに努める。バットを引きたい心理も、これならもたなくてすむ。

29

コツNo. **10** ▶▶▶ バッティング

ファウルを覚悟して
きわどく塁線上をねらう

ココが直る 相手の野手前に転がす甘いバントがなくなり、成功率が高まる。

よく弾む軟式ボールの性質を最大限にいかす

　セーフティバントは、自分が出塁するための1つの手段だ。特に**軟式のボールはよく弾むため、有効な攻撃になる。**

　というのも、上下にボールを大きく弾ませれば、相手の守備陣はバウンドをあわせづらくなる。すると、捕球直後の送球にも悪影響が出る可能性が高いのだ。

　硬式のボールだとそうはいかない。**軟式の場合はとても仕掛けやすく、成功率も高くなる。**

効くツボ
1. ファウルを覚悟してねらう
2. 塁線上をきわどくねらう
3. 走り出しながら打つ

バッティング

効くツボ 1

ファウルを覚悟で
3塁線上をねらう

自分が出塁することをめざすバントなので、ファウルを覚悟で3塁線上をねらっていく。ファウルになっても次のバッティングに切り替えればよい。送りバントは、ランナーのこともあるからそうはいかないが、あくまでもセーフティバント。きわどいコースをついていくことが大切だ。

効くツボ 2

1塁側へ仕掛けるときも、
あくまでも塁線上をねらう

1塁側にセーフティバントを仕掛ける場合、硬式なら1－2塁間方向をねらうのが基本。しかし、軟式はファーストの守備位置が比較的前なこともあり、ねらいは1塁線上とし、高く弾むバントを使うのが得策だ。ピッチャー側に甘く入るとアウトになりやすいので気をつけること。

効くツボ 3

勝負に出るなら
走り出しながら打つ

セーフティバントの仕掛け方は2種類。確実性を重んじるか、勝負に出るかだ。確実にいくなら、塁線上をねらう。相手が無警戒のときに有効な手段となる。勝負に出るなら、ファウル覚悟で打ちながら走り出すようにする。状況や選手の能力に応じて使い分けたい。

やってみよう
軍手でコントロール練習

たとえば、軍手などを丸めてボールに見立て、塁線上の際どいコースをねらう練習をするとよい。グラウンドではなくても、部屋の中でもコントロール力を磨くことができる。

できないときはここをチェック ✓

できないときはあれこれ考えず、とにかく「転がす」ことに集中してみる。転がしさえすれば、いきる可能性はある。浮かせるのが最もよくない。

コツ No. **11** ▶▶▶ バッティング

ライトかショートねらいで ヒットエンドランを仕掛ける

> **ココが直る** ヒットエンドランを仕掛けてランナーを進めることができるようになる。

ランナーは必ず走り バッターは必ず打つ

　ランナー1塁のときには、自分も出塁してランナー1、3塁の形をつくりたい。ノーアウト、あるいはワンアウトなら、ぜひ仕掛けたいのがこのヒットエンドランという作戦だ。

　バッターは必ず打つことを事前にサインで合図しておく。投球と同時にランナーがスタートをきる。成立すれば**得点圏内にランナーを置けるので、非常に有利に攻撃を展開できる**ようになる。積極的に取り入れてみるとよい。

効くツボ
1. ライトをねらう
2. ショートをねらう
3. 最低限転がす

バッティング

効くツボ 1

3塁からもっとも遠い ライトをねらう

ランナー1塁のヒットエンドランは、ライト前に打つのがセオリー。そうすれば、3塁からもっとも遠い位置にボールをもっていけるので、1塁ランナーを進めやすくなる。また、ランナーの動きが気になるライトは送球に手間取ることがあるため、バッターの自分も出塁できる可能性が高い。

効くツボ 2

ベースカバーに入る ショートをねらう

セオリー外の作戦として、ショート方向をねらう手もある。というのも、1塁ランナーがスタートをきれば、ショートは2塁のベースカバーに入るので、その場所が空くからだ。相手の動き方を想定した戦術。何が何でもライト方向ではなく、状況にあわせて作戦を変えると、相手の動揺を誘える。

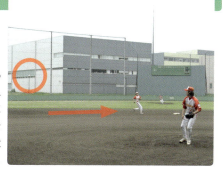

効くツボ 3

ヒットエンドランは、 最低限転がす

バッターが絶対にやってはいけないのが、打ちあげてしまうこと。ランナーはスタートをきっているので、戻れず、ゲッツーになる危険性が非常に高い。ヒットエンドランのサインが出たら、最低限転がすこと。そうすれば、ランナー2塁の形になり、送りバントと同じ効果がうまれる。

やってみよう
相手野手を威圧する

送りバントを警戒して、相手のファーストが前に出てくることもある。それをねらって強振するヒットエンドラン作戦も有効だ。相手野手にプレッシャーを与える一撃を放てば効果が高い。

できないときはここをチェック ☑

ピッチャーを2人つけて、左右交互にボールを打ち分ける。ランナーが走ることを想定し、自分がねらうコースに転がす練習をこなすとよい。

コツ No. **12** ▶▶▶ バッティング

たたきつけて弾ませて 3塁ランナーを生還させる

ココが直る 3塁ランナーをホームインさせるバッティング技術が身につく。

軟式ボールの特性をいかしダイレクトに得点につなげる

ランナー3塁時のヒットエンドランは、軟式野球では特に有効な作戦。というのも、**バウンドが高く跳ねる軟式のボールは、高く弾ませて打てば、その間に3塁ランナーがホームインできる**のだ。

硬式のボールでは、高く弾ませるのは難しいから、仕掛けにくい。軟式ならではの、得点にダイレクトにつなげられる効果的なバッティング戦術なので、ぜひとも身につけてほしい。

効くツボ
1. ボールの上半分をこする
2. 体を開かずに打つ
3.「絶対当てる」気持ちが大切

バッティング

効くツボ 1

たたきつけるためには、ボールの上半分をこする

3塁ランナーを生還させるヒットエンドランは、転がすのではなく、たたきつけるようにする。ただ転がすだけだと、相手野手の正面に飛ぶと、ランナーはタッチアウトになりやすい。たたきつけるには、ボールの上半分をこするように打つのがコツ。高いバウンドの打球が出るようになる。

効くツボ 2

体を開かずに、横向きの姿勢を保ったまま打つ

たたきつける意識が強くなりすぎると、体を開き、上から下に切りおろすスイングになりがち。こうなると、ボールの手前をこすってフライにしてしまいかねない。切らずに、たたきつけるには、体を開かずに打つのがポイント。体を横向きに保ったまま、しっかりたたきつける。

効くツボ 3

コンパクトに振る技術に加え「絶対当てる」気持ちが大切

ヒットエンドランにおいて、決してしてはならないのが、空振りと見逃しである。スタートをきった3塁ランナーが、アウトになってしまうからだ。最低限、バットにボールを当てること。そのためには、コンパクトに振る技術に加え、「絶対当てる」という気持ちが大切になる。

やってみよう

あえて NG 例をやってみる

あえて、ピッチャー方向に体を向けて、体を開いた状態で打ってみよう。ほとんどのボールを浮かせてしまうはず。失敗例を学べば、成功させる術も身につく。

できないときはここをチェック ☑

まず、たたきつける練習をしていないチームが多い。練習メニューの1つとして取り入れ、作戦遂行のテクニックを培おう。

意識改革で急成長
3 Point

軟式野球で相手チームと勝負する上で、
どうしても硬式野球の戦い方をしてしまうことがある。
発想を改めて軟式野球の戦い方を実践すれば、もっと強くなれる可能性がある!

1 軟式と硬式は別物

野球をしている人なら、メジャーリーグやプロ野球、甲子園などの硬球を使用する野球に魅力を感じることは当然あるだろう。メジャーリーグの松井秀喜のように、大きなホームランを打ちたい。松坂大輔のように、150kmを超える剛球を投げ三振をとりたい。ただし、軟式野球で同じようなプレーができるかというと、答えは「ノー」である。

2 軟式で時速150kmは投げられない

実力のある野球経験者が、硬式野球をやっていたときと同様の確率で本塁打を打つことは困難であるし、時速150km以上を投げ込むことも、ほぼ不可能である。このため、軟式のボールを使って試合をするわれわれは、軟式野球をきちんと理解し、勝つための軟式野球をすることが大切なのだ。

3 「軟式野球をやる」意識に切り替えよう

私も大学で軟式野球部を指導しており、全国で様々なチームを見ている。野球に対する1人ひとりの実力が高いチームはたくさんある。しかし、残念なことにゲームを見ていると、どうしても硬式野球をしてしまうチームが数多くある。意識を改め、「軟式野球をやる」ように切り替えると、一気に強くなれる可能性があるのだ。

One Point Advice

軟式野球と硬式野球は、見た目こそ非常によく似ているが、中身は別物だと考えてみる。軟式のボールの特性として、スピードや飛距離の出にくさ、激しく回転するゴロや、高く弾むバウンドなど、特有の難しさがある。その性質を理解した上でプレーすることが重要だ。

Pitching
ピッチング

試合で本当に使えるピッチング技術を身につける。
効果的な配球の仕方、変化球の使い方を解説。
ピッチャーとしての心構え、チームに対して担う役割も紹介する。

PART 2

コツNo. 13 軸足に体重を乗せ体幹をひねって力をためる —— 38	コツNo. 16 インコースを使って相手に的を絞らせない —— 44	コツNo. 19 変化球を随所に混ぜて的を絞らせない —— 50
コツNo. 14 練習で努力の姿勢を示し仲間からの信頼を得る —— 40	コツNo. 17 低めにボールを集めてバッターの引っかけを誘う —— 46	コツNo. 20 ヒザ元で変化するボールで三振を奪いにいく —— 52
コツNo. 15 リリースポイントの安定がコントロール力を高める —— 42	コツNo. 18 落ちる系の変化球に低めの高速ストレートを混ぜる —— 48	コツNo. 21 三振か打たせてアウトか局面に応じて投球する —— 54

コツ No. **13** ▶▶▶ ピッチング

軸足に体重を乗せ体幹をひねって力をためる

 ココが直る しっかりしたピッチングフォームが身につき、力強い投球ができるようになる。

見た目だけではわからないピッチング技術を身につける

人によってピッチングフォームは異なり、「これでなくてはいけない」というものがあるわけではない。ただし、おさえておくべきピッチングのテクニックはある。

たとえば、ピッチングのフォームをまねて足をあげてみても、意味がない。**足をあげると同時に軸足に体重を乗せ、体幹をひねって力をためることが肝心**だ。

見た目だけではわからない、しっかりとしたピッチング技術を身につける。

 効くツボ
1. 軸足に体重を乗せる
2. 体幹をひねる
3. ヒザを開かない

ピッチング

効くツボ 1

軸足に体重を乗せれば
投球バランスが安定する

ピッチング動作に入ったとき、ただ単に足をあげるのではなく、軸足にしっかりと体重を乗せることが大切だ。そうすることで、体幹に力をためる準備を整えることができる。また、しっかりと軸ができることに加え、投げ急ぎがなくなり、投球バランスを安定させることができる。

効くツボ 2

軸を中心に体幹をひねり、
力を体幹にためる

ツボ1で、軸足にしっかりと体重を乗せる必要性を説明したが、これにあわせて軸を中心に、体幹をひねる意識をもつとよい。ひねって、体幹に力をためるようにすることが大切。これが、投げるボールへ力を伝える原動力となり、全身を使ったピッチングができるようになる。

効くツボ 3

ステップするヒザの開きをおさえ、
力を逃がさないように投げる

ステップしたときのヒザの使い方に注意。外側へ開いてしまうピッチャーが、意外と多い。ヒザが開くと、腰や肩のラインも開いてしまい、ためた力をボールに伝えにくくなる。ヒザを開かないようにステップすること。体の開きがおさえられ、力強い投球ができるようになる。

やってみよう
ツボの逆をやってみる

ツボであげた逆をやるとよい。軸足へ体重を乗せずに動作に入り、体幹をひねらず、ステップ時にヒザを開いて投げる。これから改めると、合理的なフォームのイメージがより明確になる。

できないときはここをチェック ✓

鏡やガラスの前で、シャドーピッチングをしてみる。しっかりと軸ができるように体重を乗せているかをチェック。ヒザの開き癖も確認する。

39

コツ No. **14** ▶▶▶ ピッチング

練習で努力の姿勢を示し 仲間からの信頼を得る

ココが直る ピッチャーとしての気構えができ、チームをリードする立場を確立する。

ピッチャーの力が8割がた ゲームの内容を左右する

　野球はすべてにおいて、ピッチャーからスタートするスポーツだ。サッカーやバスケットボールのような団体競技では、様々な選手からプレーをスタートし、個々が平均的に力を出しあう。しかし、軟式野球では8割がた、**ピッチャーの力がゲーム内容を左右する**といって過言ではない。

　ピッチャーである者は、どのような気構えでいなくてはならないのか、ほかの8選手とは違う特別な立場であることを、明確に理解しておく。

効くツボ
1. チームから信頼を得る
2. 周りの8人の使い方を考える
3. 故障対策をおこたらない

40

ピッチング

効くツボ 1
自信を培い、チームからの信頼を得る

ピッチャーは、球場の1番高いところに立ち、チームの象徴となる選手だ。チーム全体から、特に信頼される存在ではなくてはならない。日頃から努力し、責任感、自信を培って、仲間からの信頼を得なければマウンドに立つ資格はない。そのことを、心にしっかり刻んでおく。

効くツボ 2
周りをしっかりと見渡し8人の使い方を考える

ときにピッチャーは孤独な立場であるという人がいる。しかしそうではない。野手陣は何とかこのピッチャーのために、相手の打球を処理しようという気持ちでいる。ピッチャーは、プレーしている仲間の8人をどう使っていくのかを考えること。周りを見渡す能力も、大切な投球術といえる。

効くツボ 3
故障対策は、チーム全体への責任

ピッチャーは、1試合で約200球を投げている。試合前の投球練習やプレー中の投球、さらに各回の投球練習など意外と多いものだ。このため、肩やヒジを中心にどこかが故障する不安が常につきまとう。ピッチャーが自分の体をいたわる故障対策は、チーム全体への責任でもある。

やってみよう
率先して練習に取り組もう

率先してできる練習の取り組み方を考えてみよう。自分が引っ張っていく姿勢を仲間たちに伝えることが大切。積極的な態度が信頼感につながる。これはプロ野球でも草野球でも同様だ。

できないときはここをチェック ✓

仲間たちと、これまで以上にコミュニケーションをとってみる。野球以外に、率先してふだんの生活ついても話をかわしたりすると信頼感が強まる。

コツ No. **15** ▶▶▶ ピッチング

リリースポイントの安定が コントロール力を高める

 ピッチングフォームが安定し、コントロールよく投げられるようになる。

コントロールの安定こそ ピッチング上達の近道

ピッチングで必要なのは、コントロールだ。いくらボールのスピードが速くても、ストライクに入らなければゲームにならない。

コントロールを安定させるには、リリースポイント、フォーム、視線を安定させることが大切になる。

また、コントロールが定まらなければ、ピッチャーとしても楽しいピッチングはできないものだ。コントロールの安定こそピッチング上達の近道になる。

1. リリースポイントを安定させる
2. 視線を安定させる
3. フォームの再現性を保つ

ピッチング

効くツボ 1

無駄な動きをなくし、リリースポイントを安定させる

リリースポイントを安定させることは、コントロールを安定させるために、とても重要だ。まずは、ボールをリリースするまでの動きに無駄がないかを確認する。速いボールを投げたいあまりに、上体が反らないよう注意。フォームの再現性が崩れ、リリースポイントが定まりにくくなる。

効くツボ 2

視線を安定させれば、コントロールも安定する

コントロールよく投げるには、視線を安定させることが大切。速いボールを投げたいがために、極端に首を振ってしまうことがある。これでは最後までミットを見ることができず、コントロールが安定しない。落ち着いて、視線を安定させるように意識すると、ねらいも定まってくる。

効くツボ 3

下半身を強化し、フォームの再現性を保持する

ときにピッチャーは1試合で200球以上の投球をする。すると、徐々に下半身に疲労がたまり、投球フォームがばらついてくる。つまりコントロールできなくなるのだ。試合後半まで同じフォームを保つことが重要。走りこみやウェイトトレーニングなどで、下半身強化が必須となる。

やってみよう
視線を定める意識を持つ
視線を安定させる意識をもち、6割程度の力でピッチング練習をしよう。そのとき、キャッチャーから、リリースポイントのばらつきを指摘してもらい、改善していくとよい。

できないときはここをチェック ✓
投球ステップをとった姿勢で、鏡やガラスの前でシャドーピッチング。投球フォームに無駄がないか、リリースポイントが一定かを確認できる。

コツ No. ▶▶▶ ピッチング

インコースを使って相手に的を絞らせない

ココが直る アウトコースにばかり頼らず、インコースも使った多彩な投球ができる。

アウトコースをいかすにはインコースへの投げ込みが不可欠

ピッチングといえば、アウトコース低めをねらった練習が多いのではないだろうか。アウトコースに投球しておけば安全で、そこからボールになる球との出し入れが高度なピッチングであるような間違った認識をもった選手は少なくないのだ。しかし、アウトコースが万能というわけではない。実際には、**アウトコースをいかすには、インコースに投げ込む技術が必要不可欠**。インコースがあって、アウトコースが輝くのである。

 効くツボ
1. 体の開きをおさえる
2. バッターのふところに投げ込む
3. ホームベースの幅を有効利用

ピッチング

効くツボ 1
体の開きをおさえて
キレのあるボールを投げる

右ピッチャーが、右バッターのインコースに投げるとき、体が少し開いてしまうことがある。結果、ボールに自然とシュート回転がかかり、コントロールがつかなかったり、力のないボールになったりする。体の開きをおさえて、力のあるキレのよいボールを投げ込むことが大切だ。

効くツボ 2
バッターのふところに投げ込む
インコースを使う

インコースよりアウトコースを得意にしているバッターも多い。アウトコースはバットの芯が届きづらい印象があるが、必ずしもそうではない。逆にインコースは、体を速く回す必要があり、腕をたたまないと芯に当てられない。バッターのふところをねらってインコースに投げ込む。

効くツボ 3
ホームベースの
幅を有効利用する

アウトコースを多用するピッチャーを、バッターの立場で考えてみる。アウトコースを意識していればよいので、的を絞りやすい。逆にインコースもねらってくるピッチャーは、的が絞れず厄介に感じるはず。ホームベースの幅はたかが30cmほどだが、この幅を有効利用することが大切だ。

やってみよう
インコースを積極的に使う

試合形式のバッティング練習で、積極的にインコースに投げてみよう。監督やキャッチャーに、インコースを課題にしていると伝えておくとよい。チーム内練習であれば失敗もOKだ。

できないときはここをチェック ☑

内側へ投げる思いきりがもてなければ、不安を払拭するために、自分がバッターになってみるとよい。インコースはとても打ちにくいと実感できる。

コツ No. **17** ▶▶▶ ピッチング

低めにボールを集めて バッターの引っかけを誘う

> **ココが直る** ヒットを打たれやすいゾーンを避け、低めに配球できるようになる。

ふだんの練習から低めを強く意識して投げる

ピッチャーであれば当然、低めにボールを集めることの重要性を理解しているはず。では、どの程度低めへの意識をもってピッチングができているだろうか。よく、ボールが上ずっているなどとはいうが、技術は別として、気持ちの上でふだんから、**どれだけ低めへの意識をもって練習しているかが大事**。そうしないと、試合でいきなり低めをねらったところで、ふだん投げ慣れていないのだから、なかなかコントロールが定まらなくなる。

効くツボ
1. 低めに配球する
2. ヒットの出やすいゾーンを避ける
3. ていねいに投げる

ピッチング

効くツボ 1

低めへ配球すれば、
ヒットを打たれにくい

軟式野球のボールは軟らかく、飛距離も出にくいことから、ヒットがうまれにくい。これをふまえてピッチングをすることが重要だ。ピッチャーはたとえヒットを許しても、低めへていねいに配球するようにこころがければ、何本も立て続けにヒットを浴びるようなことはなくなるものである。

効くツボ 2

ヒットの出やすいゾーンを避けて
低めにボールを集める

ベルトの高さをはさんだボール4つ分くらいが、バッターにとってはボールを引っかけにくく、一番ヒットを出しやすい高さだといわれている。ピッチャーがねらうべきは、このゾーンよりも低めのコース。ここへの配球をうまく使えば、バッターの引っかけを誘うことができる。

効くツボ 3

力んで投げるよりも、
ていねいに低めをねらう

力を入れて時速130kmの速球を投げ込んでも、ベルト付近に投げるとヒットを許してしまう。時速120kmでいいので、低めにていねいに投げたほうが、ヒットを打たれる確率をおさえられるのだ。そうした上で、時速130kmを低めに投げ込める能力を身につけるように努めるとよい。

やってみよう
ショートバウンドは OK
速いボールではなくてよいので、低めに投げる練習をしよう。課題をもって練習しているのだから、ときにショートバウンドが多くなるはず。ただし、それはよい兆候だ。

できないときはここをチェック ✓
相手にワンバウンドで投げるキャッチボールをしてみる。低めへの意識が高まることと、リリースポイントの修正が自然とできるようになる。

コツNo. **18** ▶▶▶ ピッチング

落ちる系の変化球に低めの高速ストレートを混ぜる

変化球に頼りすぎることなく、ストレートで勝負できるようになる。

ストレートを磨くことでピッチャーの上級者になれる

ピッチングの基本はストレート。ピッチャーは試合の中で、多い人だと8割、少なくても5割は投げる球種である。**いかにこのストレートを磨いていけるかにより、上級者になれるかどうかが決まってくる。**

変化球に頼りすぎることなく、ストレートを磨くことによって、結果的にはほかの球種もいきてくることになる。ストレートのコントロール、球速のバリエーションを増やすことが大切だ。

1. 低めの高速ストレートを使う
2. 球速を変化させる
3. 勝負球はストレート

ピッチング

効くツボ 1

落ちる系の変化球をいかすには、低めの高速ストレートを磨く

野球には様々な変化球がある。しかし、ソフトボールと異なりライズボールという球種は、軟式野球ではない。野球での変化球は、ほとんどが「落ちる系」。それをいかすためには、速い低めのストレートが有効。低めの高速ストレートと、落ちる変化球の組みあわせが、重要な意味をもつ。

効くツボ 2

同じ腕の振り方でストレートの球速を変化させる

ストレートの球速は、一定でなくてもよい。同じストレートでも、球速を変化させることで、バッターはタイミングをとりづらくなる。押したり引いたりするわけだ。ただし、腕の振り方を変えるとバッターに見破られる。一定の腕の振り方で球速を使い分けられることが大切。

効くツボ 3

勝負球にはストレートを使う

勝負球を変化球に頼るピッチャーが多い。しかし上級者になるほど、最後はストレートが勝負球というピッチャーが多いものである。空振りをとったり、打ち損じをさせたりと、変化球には魅力はあるものの、やはり力のあるストレートが、バッターにとって最も恐いボールなのだ。

やってみよう
腕の振りを極力一定に

ストレートの球速を変える練習をしよう。ツボでも説明したが、腕の振り方を一定に保つことが大切。振り方を変えてしまうと、速いボールか遅いボールかが、バッターに見破られてしまう。

できないときはここをチェック ✓

球速を変えるのが難しい場合は、ボールの握り方を変えてみよう。通常よりも深くしっかりと握り、同じ腕の振り方をすると、球速があがらなくなる。

コツ No.

19 ▶▶▶ ピッチング
変化球を随所に混ぜて的を絞らせない

同じフォームから様々な種類の変化球を投げられるようになる。

ストレートをいかすために変化球を使う

投球の基本はあくまでもストレートだが、それをいかすために変化球を使う。**ストレートに変化球を混ぜることで、打者に的を絞らせない、慣れさせない効果がうまれる**のだ。

近年、様々な変化球があるが、自分にあった球種を見出そう。また、球種を絞らせないためには、最初に変化球をいくつか見せておくことも重要。使うタイミング、使う種類を考えて投球するために変化球を磨く。

1. 同じ投げ方で球種を変える
2. 初球に変化球を使う
3. 球速にも変化をつける

ピッチング

効くツボ 1
どんな変化球も同じ腕の振り方で投げる

変化球は、ストレートと同じ腕の振り方で投げることで、バッターの打ち損じを誘うテクニックだ。球種により、あからさまに投げ方を変えると、バッターに事前に察知されて、逆効果にもなりかねない。どの球種を使うにしても、なるべく腕の振り方を変えないようにすることが大切だ。

効くツボ 2
初球を変化球から入り、バッターの意表を突く

例外がないわけではないが、ストレートを初球に待っているバッターが、比較的多い。こうした傾向をふまえると、初球を変化球から入ることで、簡単にストライクがとれる確率があがる。そうすればバッターのリズムが乱れ、その打席の勝負がピッチャー優位に進むことになる。

効くツボ 3
変化球は軌道だけではなく、球速も変化させる

近年、カーブよりもスライダーを使うピッチャーが増えてきた。ただし、変化球は単に曲げるだけではなく、球速の変化も重要となる。ストレートをいかすための変化球であれば、球速を落としたカーブやチェンジアップなどが非常に有効。緩急をつけて投げ分けられるようにする。

やってみよう
遅い変化球を投げてみる

意外と、遅い変化球を投げるのを苦手にしているピッチャーがいる。ブルペンピッチングにおいて変化球を投げる中で、球速を極端に遅くできるものを模索し、くり返し投げてみよう。

できないときはここをチェック ✓

5mほどの距離で、手からボールを抜く感覚を身につける。また、通常より深く握ることで球速がおさえられることも覚えておくとよい。

51

コツ No. ▶▶▶ ピッチング

ヒザ元で変化するボールで三振を奪いにいく

> **ココが直る** 変化球の効果的な使い方が身につき、空振りがとれるようになる。

速い変化球は、それ自体が空振りをとる武器になる

遅い変化球は、ストレートとの組みあわせでいきるが、**速い変化球は、それ自体が空振りをとる手段として有効なボールになる。**

ストレートと同じような軌道から手元で変化するボールは、バッターの空振りを誘える確率が高い。低めはバッターの泣きどころだから、ヒザ元で変化するボールというのは非常に有効だ。試合においては、カウントを追い込んだときなど、三振をとりにいくための1つの効果的な方法になり得る。

 効くツボ
1. 低めで変化するボールを投げる
2. 縦の変化球を使う
3. ボール球に変化させる

ピッチング

効くツボ 1

変化球も低めをねらえば
バッターの空振りを誘える

　ストレートと同様、変化球も空振りをとりにいく場合は、低めへの意識が重要。野球は、低めのボールを打つことが難しいのが原則だからだ。ストライクならば、バッターは手を出さなければならない。その低めのストライクから変化するボールというのは、空振りする確率が非常に高くなる。

効くツボ 2

縦は視界の幅が狭い。
縦の変化球を使う

　人は、横の動きよりも縦の動きに対応することが苦手。視界も横幅のほうが広いと感じるはずだ。目の形が横長になっているのもその理由の1つ。よって空振りをとりにいくのに最も有効な変化球は、縦に変化をする球種。フォークやチェンジアップ、縦のカーブなどが非常に有効だ。

効くツボ 3

ストライクから
ボールに外れる変化球を使う

　バッティング練習といえば、ストライクのボールを打つように指導されることがほとんど。だからストライクの甘いボールは打てるものの、ボール球を打つ練習ということは、あまり経験がない。よって、ストライクからボールになる変化球が有効。バッターに空振りさせることができる。

やってみよう
落とす変化球を身につける
いいフォークやチェンジアップなど、落とす変化球を投げることに魅力を感じているピッチャーは少なくない。実際に、縦に変化するボールを身につければ頼れる武器になる。

できないときはここをチェック ☑
変化球を投げるには、ボールを抜く感覚が必要。抜き方がわからなければ、仰向けになり、ボールを回転させないように天井に向け投げてみる。

コツ No. **21** ▶▶▶ ピッチング

三振か打たせてアウトか局面に応じて投球する

> 💡 **ココが直る** 三振をねらうか、打たせてとるかの判断が的確にできるようになる。

打たせてとるピッチングを身につける

　ピッチャーとして三振でアウトをとることは、大変魅力的なものだ。ただし、1試合27アウトをすべて三振にとれるピッチャーは、そうそういない。無理やり奪三振ばかりをねらうと、内容が伴わず不本意なピッチングになってしまいかねない。

　三振をねらうばかりではなく、**打たせてアウトをとりにいくことも大切**。その上で、ときにランナーを進塁させないように三振をねらうなど、局面に応じた投球をこころがける。

効くツボ
1. ふだんの投球をこころがける
2. メリハリをつける
3. かけひきで勝負する

54

ピッチング

効くツボ 1

気持ちを入れすぎず、ふだんの投球パターンで勝負する

三振をとりたいあまり、超速球を投げよう、大きく曲がる変化球を投げようとして、力が入りすぎることがよくある。自分自身を制御できずに、力任せに投球をしても、三振をとることは不可能。気持ちを冷静に保ち、自分がふだんどうやって三振をとっているのかを判断しながら投球する。

効くツボ 2

メリハリをつけた打てそうで打てない投球術

ボールを速く見せるための投球をこころがける。たとえば、ピンチまではのらりくらりと抑え気味であるが、ピンチになると最高にキレのよいボールを投げるなどの臨機応変な対応。ベンチからは球速が遅く見えても、バッターが打席に入ると身震いしてしまう、そんな投球をめざす。

効くツボ 3

バッターの癖を見抜きかけひきで勝負する

ランナーを進塁させたくない場合は、三振をとりにいくことが最善の策。ただし、三振をねらいにいくと力んでしまうもの。力でねじ伏せようとせず、バッターの癖を見抜いて勝負する。スライダーが不得意なのかストレートが苦手なのか、バッターとかけ引きしながら力まず投球すること。

やってみよう
三振パターンを確立する

打撃練習で、自分が三振をとるパターンを見直してみよう。スピード、コース、変化のバリエーションを、どのボールカウントで使うのか、得意な組み立て方を確立すること。

できないときはここをチェック ✓

自分の投球を一番把握しているのは、いつも受けてくれているキャッチャー。女房役であるキャッチャーと、三振のとれるパターンを考えてみよう。

守備と走塁で好機到来
3 Point

軟式野球で勝つためには、どうしたらよいだろうか？各論についてはページで紹介しているが、総合的にはどんな形で戦っていくことで勝利に結びつくだろう。私がこれまで経験してきた大きな3つの項目を紹介する。

1 投手力を含めた守り抜くチームづくり

上位の戦いになればなるほど、守備力が必要となってくる。さらに、その高い守備力を1試合に渡って持続しなければならない。相手からの重圧の大小にかかわらず、2時間半ほどの試合時間の中の守備側で、投手だけでなくチームの集中力をいかにきらさず保ち続けられるか。それが、勝敗の鍵となる。

2 いかに足を絡めた攻撃ができるか

野球というと、投げること、打つことばかりを考えがちだが、実は足をからめた攻撃ができる走塁技術の高さが、常勝チームの特徴でもある。走塁には、次塁に進む直接的な効果ばかりか、オーバーランを見せて相手チームを威圧する影響力もある。強いチームは必ず、走塁力も高い。

3 ワンチャンスをものにできるか

軟式野球は、1発の長打で形勢が逆転することはめったにない。つまり、チャンスはそう頻繁には訪れない。地道にランナーを進め、好機がやって来たとき、いかにそのワンチャンスを逃がさずものにできるかが勝負の分かれ目。そこで集中力をあげて戦えるチームが勝利する。

One Point Advice

「上級者はエラーをしないもの」と当たり前のように考えるかもしれない。しかし、全国レベルになれば必然的に相手チームからのプレッシャーも大きくなり、ふだん出ないエラーも出やすくなる。だから、エラーをしないことが勝利につながるのだ。

Fielding
フィールディング

激しくスピンするボール、高く弾むバウンドなど、
軟式野球特有のフィールディングを理解する。
硬式野球よりも対応力を必要とする高度な技術習得をめざす。

PART 3

コツNo.22	内野手は3歩、外野手は5歩手前で 守備力はもっと高まる —— 58	コツNo.27	強い回転のボールは 回転の方向を見極めてつかみ捕る — 68	コツNo.32	外野手はカバーを信じ 積極的な守備をこころがける —— 78
コツNo.23	定位置を変更して 自軍に有利な守備を固める —— 60	コツNo.28	ピッチャーの守備の高さが 相手バッターに重圧をかける — 70	コツNo.33	外野手は「素早く」 内外野は「備える」—————— 80
コツNo.24	「つかみ捕る」感覚で 安定した捕球ができる —————— 62	コツNo.29	キャッチャーは守備の要 積極的に声をかけて盛りあげる — 72	コツNo.34	高く弾みきる前に 積極的に捕りにいく —————— 82
コツNo.25	速やかに送球体勢を整え バッターに出塁の機会を与えない - 64	コツNo.30	予想外の牽制球を使って ランナーをアウトにする —— 74		
コツNo.26	軟式野球の守備は 素早い捕球&送球が大切 —— 66	コツNo.31	ダブルプレーはねらわず 最低1つのアウトを取る —— 76		

コツ No. **22** ▶▶▶ フィールディング

内野手は3歩、外野手は5歩手前で守備力はもっと高まる

> **ココが直る** 軟式野球の打球の飛び方を理解し、適切なポジションで守れるようになる。

硬式野球よりも全体的に前よりで構える

　軟式野球と硬式野球では、野手の守備の定位置が、若干異なる。**内外野手ともに、軟式のほうが定位置が前よりになる。**

　これは、打球に早く到達するためのポジショニングだ。軟式の打球は、飛びにくい傾向にあり、フライが高くあがりにくい。打球の速度も遅いので、硬式野球の定位置では、このような浅い打球に追いつくのが困難になる。だから軟式野球では、定位置をやや前よりにすることが大切になる。

1. 内野手は3歩前で構える
2. 外野手は5歩前で構える
3. 定位置をチームで確認する

フィールディング

効くツボ 1

内野手は硬式野球より3歩ほど前で構える

内野手の定位置は、硬式野球より3歩ほど前になる。高いバウンドやつまった打球、ときに激しく回転するゴロなどが軟式野球にはあり、硬式野球より難しく高度な守備力が求められるとすらいわれることも。また、送球スピードも硬式野球ほど出ないため、素早い対応が必要。

効くツボ 2

外野手は硬式野球より5歩ほど前で構える

外野手の定位置は、硬式野球の5歩ほど前になる。理由はツボ1の内野手と同様である。ポテンヒットになってしまわないためにも、前で守るのがセオリー。ただし、大学や社会人になるとバッターのパワーも出てくるため、より細やかな定位置の認識が重要となってくる。

効くツボ 3

定位置は選手により様々。チーム全体で理解しておく

スピードのある選手、肩に自信のある選手など、個々の特長により定位置を決める。だれがどんな守備をするのかチームで理解しあうことが大切。ほかの選手の位置が変われば、自分も位置を変える必要がある。個々の守備力にあわせて、定位置を調整できるとチームの守備力が高められる。

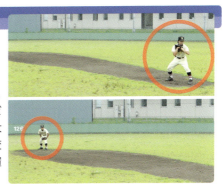

やってみよう
自分の定位置を再確認

定位置を再確認しよう。内野手はバウンドをあわせることが多い位置、捕球から送球までのタイミングと時間を確認。外野手は、前後左右の対応可能な範囲と周りの守備範囲との交わりを確認。

できないときはここをチェック ✓

定位置を把握できなければ、キャッチャーに指示を求めてみる。チームとしてどの位置にいるのが適正か、ホームから見た感覚を指示してもらう。

コツ No.23 ▶▶▶ フィールディング
定位置を変更して自軍に有利に守備を固める

> **ココが 直る** 定位置の変更を戦術として用い、スキのない守備ができるようになる。

局面に応じて定位置を微調整する

　軟式での守備の定位置に関しては、前項目でも紹介したが、試合の中では、仲間の位置にだけあわせた場所で守っていても勝てない。ピッチャーの投球内容によっても、多少、定位置を変更する必要がでてくる。あるいは相手チームが強打なのか、足を使って攻めてくるのかによっても、定位置は変わってくる。その局面を見極めて定位置を調整する。**様々な局面に応じて定位置の微調整をすることによって、相手の攻撃が防げる。**

効くツボ
1. ピッチャーの投球術を把握
2. バッターの打撃特徴を把握
3. 戦術として定位置を変える

フィールディング

効くツボ 1
ピッチャーの投球術に応じた定位置をとる

自軍のピッチャーが、どのような投球術をするのか見極める。アウトコースを中心に攻めていくのか、大胆にインコースを攻められるのか。ピッチャーの投球内容によって、相手バッターの打球もある程度コースが絞られてくる。それにあわせて定位置を変更していくとよい。

効くツボ 2
相手バッターの打撃に応じた定位置をとる

初対戦するバッターも多いだろうが、いち早く打撃の特徴をつかみ、どの打球方向が多いかを見極めることが大切。右に左に長打に短打に、自由自在に打ち分けられるバッターは、まずいない。また、自軍ピッチャーとの相性によっても定位置を変更し、有利な位置で構えることが大切。

効くツボ 3
チーム戦術に則して定位置を変更する

チームとして、バッテリーがどのように攻めていき、野手がそれにどう対応するのか、戦術を決めていくことも勝利する可能性を高める上で大切。徹底的にインコースを攻めて引っ張らせることで、その方向の守備を固め術中にはめていくなど、チームの戦術によって定位置を変更するとよい。

やってみよう
定位置の変更は大胆に

定位置の変更は、大胆にすることが重要。失敗するか成功するかは、やってみなければ実感できない。本番の試合で試すのは難しいが、練習なら極端に仕掛けてみるのもおもしろい。

できないときはここをチェック ✓

チームの代表に相談し、チーム方針として定位置の変更を取り入れてみよう。仲間と声をかけあいながら定位置を変更して、互いの位置を確認する。

コツ No. **24** ▶▶▶ フィールディング

「つかみ捕る」感覚で安定した捕球ができる

> **ココが直る** グローブの中で弾いてしまうことがなくなり、安定した捕球ができる。

軟式野球のボールはグローブ内での弾きに注意

　守備に欠かせないのが、捕球テクニックの習熟。特に軟式のボールは、硬式に比べて軽く軟らかい。グローブの中で弾いたり、不規則にバウンドしてタイミングをあわせられなかったり、エラーをしやすい。

　うまく捕球するには、グローブだけを差し出すのではなく、「つかみ捕る」感覚が大切になる。

　ボールの高さに視線をあわせ、バウンドと自分の動きをシンクロさせると捕球の成功率が高まる。

 効くツボ
1. つかみ捕る
2. 視線を打球の高さにあわせる
3. バウンドと自分の動きをあわせる

フィールディング

効くツボ 1

つかみ捕る感覚で弾くことなく捕球する

ボールを捕球するときに、グローブだけさし出し、打球の勢いで捕球するイメージをもっている選手がいる。しかし、軟式野球の場合、グローブの中でボールを弾きやすく、エラーにつながりやすい。ボールを「つかみ捕る」感覚で捕球することが大切。安定した捕球ができるようになる。

効くツボ 2

腰を低くし視線を打球の高さにあわせる

捕球するときに、腰が高い選手が多い。腰が高いと視線が高くなり、捕球するボールと視線との距離が遠くなる。視線を打球から遠ざける癖は、恐怖感などからくるが、視線を打球の高さにあわせる意識をもつことにより、捕球の成功率があがる。すると、恐怖感も軽減されてくる。

効くツボ 3

バウンドと自分の動きをシンクロさせる

軟式ボールは、特にバウンドが高く、不規則になりやすい。硬式野球に比べて、タイミングをあわせにくいため、処理が難しいハーフバウンドで捕球してしまいがち。バウンドと自分の動きをシンクロさせることが大切。ボールに入っていくようにタイミングをあわせながら捕球する。

やってみよう
打球に視線をあわせる

個人ノックで、くり返し捕球の練習をやってみよう。このとき、打ってもらう打球は難しくなくてよい。まずは打球の高さに視線をあわせ、バウンドのどこで捕球するのかの判断力を養う。

できないときはここをチェック ☑

手で転がしてもらったボールを素手でキャッチ。ボールに勢いがないため、バウンドのタイミングがあわせやすい。また、「つかみ捕る」感覚もわかる。

63

コツ No. **25** ▶▶▶ フィールディング
受け手の立場を考えれば送球エラーはなくなる

> **ココが直る** 送球エラーがなくなり、チーム全体の守備力を高められる。

キャッチボールから集中。正確に送球する

　野球の練習で必ずすることといえば、「キャッチボール」。練習の中のルーティーンとなっているため、重要性を忘れて、いい加減になってしまっている選手が多い。このため、送球が定まらないなどの問題が出てくる。

　キャッチボールのときから、正確に送球するように集中して取り組む。毎日の練習に組み込まれていることなのだから、続けていると、送球技術が飛躍的に向上するに違いない。

効くツボ
1. 成功率100%をめざす
2. 送球相手に優しく投げる
3. できるだけ上から送球する

フィールディング

効くツボ 1

成功率100%をめざし送球エラーをなくす

エラーで多いのは、捕球ミスと送球ミスだ。特に捕球後、いつも通りの送球をしていればアウトをとれるとチームのだれもが思ったシーンで起こった悪送球。これほど残念な気持ちになるものはない。その後に悪影響も残しやすいものだ。送球は成功率100%をめざし、求めるべきものだ。

効くツボ 2

送球相手への優しさがエラーを防ぐ

送球相手への優しさといっても、ピンとこないかもしれない。自分がボールを受ける立場なら、どんなボールを受けやすく感じるか。ここが出発点。相手に送球するときには、受け手の立場を考えて相手がもっとも捕球しやすく、次の動作に入りやすい送球をする意識をもつことが重要だ。

効くツボ 3

上からの送球が捕りやすい

打球により横手になることもあるが、なるべく上から送球する。横手だとボールにシュート回転がかかり、受け手が捕りにくくなる。特に外野手は、本塁に投げるとき、ワンバウンドの送球が多い。シュート回転しているとバウンドした瞬間にそれたり、威力がなくなったりするので要注意。

やってみよう
50mの遠投をやってみよう

50mほどの遠投をしてみよう。遠投は、ただ遠くに送球するだけでなく、コントロールをつける練習にもなる。これはピッチャーの練習にも最適。相手の胸に送球する意識で遠投をしてみよう。

できないときはここをチェック ✓

送球力を身につけるには、キャッチボール。10球連続で相手の胸の中心に送球できればOK。次は左肩へ、次は右肩へなど、目標をもって練習する。

コツ No.26 ▶▶▶ フィールディング
速やかに送球体勢を整え
バッターに出塁の機会を与えない

> **ココが直る** ボールを待つのではなく、捕りにいくことで、スピードアップを図る。

特に浅い打球に対して
より素早い動きが求められる

　軟式野球と硬式野球の違いには、ボールのスピードが大きく影響している。軟式のボールは軟らかいため、ピッチャーの投球や野手陣の送球、打球など、全てにおいてスピードが出にくい。

　そのため、**軟式野球は硬式野球よりも、よりスピーディーな守備力が求められる**。ボールの動きが遅いぶん、ゲッツーをとるためだけでなく、野手は、捕球してから送球するまでの一連の動きに素早さが求められる。

効くツボ
1. 浅いボールを素早く処理
2. 素早く送球体勢に入る
3. 無駄な動きをなくしてゲッツーをとる

フィールディング

効くツボ 1
特に浅い打球に対して素早く処理する意識をもつ

守備側にとって、打球が速くないということは、ゴロなら左右であっても追いつける可能性が高くなるということだ。正面であれば、恐怖感が軽減される。ただし、浅い打球への対応には、特に俊敏さが求められる。素早く処理しないと、バッターに出塁の機会を与えてしまうので注意する。

効くツボ 2
捕球したら素早く送球体勢に入る

軟式野球では打球と同様に、送球のスピードも、硬式野球に比べて遅くなる。このため、内野安打を許してしまったり、盗塁を決められてしまったりする確率が高くなってしまうのだ。捕球したら、素早く送球体勢を整えて、速やかに投げる動作に移行することが大切である。

効くツボ 3
無駄な動きをなくしてねらったところへ確実に投げる

ゲッツーは軟式野球では比較的とりにくいプレーである。打球が速くないぶん、ボールが野手の手元に来るまでに時間がかかり、さらに送球も遅くなるためだ。それだけにハイレベルな野球になるほど、大きな意味をもつ。無駄な動きをせず、ねらったところへ確実に投げることが大切。

やってみよう
走り込みながら受ける
打球を待っていては、アウトをとりにくい。少し後ろよりの守備位置から、前に走りながらノックを受ける練習をしよう。前に行く意識、バッターから近い距離で捕球する意識が高まる。

できないときはここをチェック ☑
うまくできない場合は、走るのではなく、歩み寄るスピードでボールを捕りにいく練習をする。前に行く意識と、バウンドにあわせる感覚が大切だ。

コツ No. **27** ▶▶▶ フィールディング

強い回転のボールは
回転の方向を見極めてつかみ捕る

> **ココが直る** 回転のかかったボールや、高いバウンドの処理が正確にできるようになる。

変化方向にグローブをさし出し回転の力を消すようにする

軟式野球の打球は、ボールに弾力性があるため、高いバウンドになったり、急回転になったりと予想もつかないことがある。そのために捕球ミスが起こり、ピンチを招くケースも少なくない。

特徴的な打球に対する処理方法を理解し、実践してみる。**打球の方向性や高さを正確に把握することが大切**。キャッチャーフライなどもミスが出やすいが、慌てる必要はない。ポイントをおさえたプレーをすれば、十分対応できるようになる。

効くツボ
1. 回転の方向を見極める
2. 頂点に達する前に捕球
3. 腹部で抱えこむ

フィールディング

効くツボ 1

回転の方向を見極めて
しっかりつかみ捕る

急 回転の打球を処理するのは主にピッチャー、キャッチャー、ファースト、サード。まずは回転の方向を把握することが重要。回転の効果で変化する打球方向にグローブをさし出してつかみ捕り、回転の力を消すようにする。回転していると弾いてしまいやすいので、しっかり「つかみ捕る」。

効くツボ 2

2バウンド目の頂点に
達する前に捕球する

軟 式野球特有の高いバウンドに対応する。まず、2つ目のバウンドの頂点に、ボールが達する前までに処理する。2バウンド目の頂点に達すると、ボールの滞空時間のうちに、ランナーがセーフになってしまう。最低でも、2バウンド目のショートバウンドか、ハーフバウンドで処理する。

効くツボ 3

回転の強いキャッチャーフライは
腹部付近で抱えこむ

キ ャッチャーフライも、ボールの回転により、弾いてしまうことがある。高めのキャッチャーフライであれば、左肩の上で捕球するのが確実であり基本だ。しかし、さらに回転がかかっている低いキャッチャーフライの場合は、腹部付近で抱えこむように捕球して、弾きこぼしを防ぐ。

Let's やってみよう
高いバウンドを練習する

高いバウンドでノックしてもらい、バウンドのどの部分で捕球できるか確認してみよう。特に注意すべきは、二遊間への打球。2バウンド目を弾ませすぎないように処理することがポイント。

できないときはここをチェック ✓

ノックするのではなく、手でボールをたたきつけてもらい、5mほど離れた場所から捕球しにいく練習をしてみよう。

コツ No. **28** ▶▶▶ フィールディング

ピッチャーの守備の高さが相手バッターに重圧をかける

> **ココが直る** ピッチャーとして守備に参加できる技術を身につけられるようになる。

投げるだけではない。ピッチャーは「9番目の野手」だ

よくピッチャーは、「9番目の野手」といわれる。ところが、フィールディングの手を抜いたり、守る意識が薄くなっていたりするピッチャーを見かけることが意外なほどある。

投げるだけがピッチャーの役割ではない。カバーリングやバント処理、声かけなど、上級者になるためにはこうした**9番目の野手である認識が不可欠**。また、ピッチャーの守備力が高まると、チーム全体の守備意識を高められる効果も期待できる。

効くツボ
1. ゴロを確実に処理する
2. ベースカバーに走る
3. バントを的確に処理

フィールディング

効くツボ 1

ゴロ処理を
あらせず確実に行う

ピッチャーの守備に求められるのは、確実性。ピッチャーゴロが出たらチームの全員が、まずアウトだと思う。だからバント処理をあやまったり、悪送球をしたりすると、ショックは大きい。こういうシーンを見ると、チーム全体の士気が萎える。ピッチャーの守備は確実性が求められるのだ。

効くツボ 2

1塁側にゴロが出たら
ファーストのベースカバーに走る

ピッチャーはいかなる場合も、1塁側へのゴロについては、ファーストへのベースカバーに走ること。せっかく打ちとった打球でも、カバーが遅れると内野安打になる恐れがある。セカンドゴロの場合も、ファーストが打球を捕りにいって1塁が空くことがあるので、必ずカバーに走ること。

効くツボ 3

バント処理を的確に行い
バッターにプレッシャーをかける

バント処理もピッチャーの重要な役割。ランナーを、次の塁へ行かせない守備をいかに効率よくするかが鍵。ピッチャーの守備がいいと認識しているバッターがバントするときには、いい方向へ転がさなくてはならないプレッシャーがかかる。この重圧が、自由な攻撃をさせない力になる。

やってみよう
守備に重点を置いて練習

練習試合では、ピッチャーとしての守備の意識を課題に取り組んでみるとよい。1塁側へのゴロの対応や、バント処理への積極性など、守備にも重点を置く心構えを身につけよう。

できないときはここをチェック ✓

投球内容にとらわれるあまり、守備への課題を忘れてしまうことがある。周りの仲間に、ワンプレーごとに声をかけてもらえるようお願いしておこう。

コツ No.29 ▶▶▶ フィールディング
キャッチャーは守備の要 積極的に声をかけて盛りあげる

> **ココが直る** 投球を受けるだけの立場ではなく、守備の中核として活躍できる。

ディフェンスリーダーとして的確な指示を野手に与える

　唯一仲間たちと反対側を向いているのが、キャッチャー。このため、守備陣全体を見渡せる。**守備位置について俯瞰(ふかん)的な視点から指示を与えたり、的確な送球コースを伝えたりする役割が求められる。**

　また、ピッチャーの女房役とよくいわれるのがキャッチャー。ピッチャーのよさをひきだせるかどうかは、キャッチャーにかかっている。キャッチャーは、守備の要にならなくてはならない存在だ。

効くツボ
1. ピッチャーの気持ちも受ける
2. 選手の調子を察知する
3. 野手に指示を出す

フィールディング

効くツボ 1
ピッチャーのボールだけでなく気持ちも受ける

キャッチャーはつねに、ピッチャーとコミュニケーションをとることが大切だ。その日の調子や気持ちのもっていき方など、ピッチャーへの気配りに最善を尽くす。ただ投球を受けるのがキャッチャーの役割ではない。ピッチャーの気持ちも一緒に受けてあげられることが重要なのだ。

効くツボ 2
ピッチャーや相手バッターの調子を察知する

ピッチャーをいかすも殺すもキャッチャー次第。次のボールや、次の打席のことも頭に浮かべながら、最高のピッチングをひきだすようにする。そのためには、その日のピッチャーの調子や、相手バッターの特徴などを早めに察知し、配球をコントロールすることが大切になる。

効くツボ 3
野手に指示を出し声を掛けて守備を盛りあげる

守備のリズムを整えたり、守備陣に的確な指示を送ったりする役割として、最も重要なのがキャッチャーだ。サインプレーの中核であり、声をかけながら、守備陣の意識を盛りあげる。ピッチャーへの気配りだけでなく守備全体に気を配り、守備のリズムをコントロールすることが大切だ。

やってみよう
周囲を冷静に見渡す

ディフェンスリーダーの役割を、試合で実践しよう。人一倍声を出すだけでなく、落ち着いて周囲を見渡すこと。指示を出すタイミングによってもチーム全体の流れがスムーズになる。

できないときはここをチェック ☑

ふだんの練習からディフェンスリーダーとして行動する努力をしよう。チームがキャッチャーに耳を傾け、守備への集中力が高まる効果が期待できる。

コツ No.30 ▶▶▶ フィールディング
予想外の牽制球を使ってランナーをアウトにする

> **ココが直る** 相手のスキを突くピックオフプレーで、うまくランナーをさせる。

ランナーにプレッシャーをかけ自由な走塁をさせない

ピックオフプレーとは、相手のランナーに対して様々なプレーでかく乱し、牽制球などでアウトを奪うプレーのこと。**相手ランナーが油断しているスキをついた牽制球を送ったり、チーム全体でダミープレーを仕掛けたりする。**これらは、数種類見せるだけで相手の攻撃にプレッシャーをかけられ、メンタル的に萎縮させることができる。アウトがとれなくても、相手に自由な走塁をさせない効果的な戦術の1つ。

効くツボ
1. 予想外の牽制球を使う
2. ダミープレーでスキをつく
3. ピックオフプレーを見せる

フィールディング

効くツボ 1

セオリーを外した予想外の牽制球を入れる

いつも投げている牽制球ではなく、相手ランナーが油断しているスキをねらった牽制球が有効的。たとえば2アウト1、2塁。基本は2塁ランナーだけの牽制体制になっていることが多く、1塁は意外と無警戒。ここでピックオフプレーをしかけると、ピンチをきり抜けられる可能性もある。

効くツボ 2

チーム全体でダミープレーをし相手ランナーのスキをつく

ダミープレーには様々な種類がある。1つ例をあげると、バント処理に見せかけた動きをし、ランナーをベースから離れさせる。その上で、キャッチャーから牽制すると、ランナーのスキをついてアウトにできる。チーム全体で、ダミープレーを入れてランナーをかく乱する。

効くツボ 3

ピックオフプレーを見せて相手にプレッシャーをかける

ピックオフプレーは、数種類見せるだけでも、相手にプレッシャーをかけられる。相手は、攻撃のときただ単にバッターに打たせるだけではない。ランナーを使いながら守備を混乱させ、流れを引き寄せたいと考えている。だからこそ、ランナーを自由にさせないピックオフプレーが効く。

やってみよう

相手を慌てさせる

チーム内でいくつかのピックオフプレーを話しあい、積極的にとり入れてみよう。まずは、練習試合で使ってみる。アウトにできなくても、相手のランナーがあわてていれば成功といえる。

できないときはここをチェック ☑

動きがぎこちないピックオフプレーは、有効ではない。チーム全体で連係がとれていない可能性が高い。みんなでくり返し練習することが必要。

コツ No. 31 ▶▶▶ フィールディング
ダブルプレーはねらわず最低1つのアウトをとる

> **ココが直る** 凡ミスで、バッター、ランナーともにいかしてしまうピンチを回避する。

打球が難しくないからこそ油断を招きがちなバント処理

バントの処理は、ときに油断を招くもの。ほとんどの打球を難しいとは感じないため、スキが生じやすくなりがち。また、無理にアウトをとりにいくと、プレーが雑になってしまい、結果ピンチを広げてしまうことがある。

より慎重にプレーし、ピンチを広げないことが重要だ。最低でも1つのアウトはとるようにこころがけること。そのような堅実なプレーが、じわじわと相手を苦しめるプレッシャーにもなるのである。

効くツボ
1. 最低1つのアウトをとる
2. 声をかけあう
3. 自由にバントさせない

フィールディング

効くツボ 1

無理にダブルプレーをねらわず
最低でも1つのアウトをとる

バント処理でまず重要なのは、最低1つのアウトをとること。無理にダブルプレーをねらうと、プレーが雑になり、1つもアウトがとれないどころか、ピンチを広げてしまう結果にもなりかねない。無死1塁のバント処理、1死2塁にするのと無死1、2塁になるのではあまりにも大きな差がある。

効くツボ 2

プッシュバントは
声をかけあって処理する

相手バッターに自由なバントをさせないためのポイントは2つ。1つは、バント方向をふさぐこと。もう1つは、バントをしづらいピッチングをすること。バッテリーも含め、サードやファーストの守備が重要である。進塁できなかった相手は、かなりのダメージを負うことになる。

効くツボ 3

相手バッターに
自由なバントをさせない

バント処理で注意する打球は、高いバウンドとプッシュバント。高いバウンドの処理は、バウンドが高くならないうちに処理して、相手に時間を与えないことが大切。そして、プッシュバントは声をかけあい、落ち着いて対応することが重要。このとき、ベースカバーも忘れないように。

Let's やってみよう
カバーリングをしっかりと

ついおこたりがちなのが、カバーリング。バント処理の一連の動きをチームで確認しながら練習しよう。全体を見渡す担当を置き、細かい部分も修正することで、バント処理の自信がもてる。

できないときはここをチェック ☑

次のプレーを全員で想定することが大切。こうした打球が来たらどう対応するのかを、ごくわずかな時間で想定する意識をもつと有効である。

コツ No.**32** ▶▶▶ フィールディング

外野手はカバーを信じ積極的な守備をこころがける

> **ココが直る** ボールを待つ消極的な守備ではなく、積極的にプレーできるようになる。

外野の守備範囲が広ければピッチャーも積極的に攻めていける

「外野手の守備範囲が広い」といわれるようなチームをめざす。そんなバックに守られていれば、ピッチャーは大胆にバッターを攻めていけるようになる。

「守備範囲が広い」ということは、それだけ積極的な守備をしている証拠。「外野の後ろはだれもいない」といわれ、消極的になる選手がいるが、カバーリングで補えばよい。受け身の守りではいけない。外野手は、内野手以上に大胆に守る姿勢が求められる。

 効くツボ
1. カバーを信じ大胆に守る
2. 試合の展開を意識する
3. 肩の強さを見せつける

フィールディング

効くツボ 1

カバーリングを信じ大胆に守る

「外野の後ろはだれもいない」とよくいわれる。しかし、レベルの高いチームでは、ライトであればセンター、センターであればレフトとライトが、カバーリングする。「後ろはだれもいない」では大胆に動けず、消極的なプレーになる。信頼できるカバーリングがあると信じ、大胆に守ること。

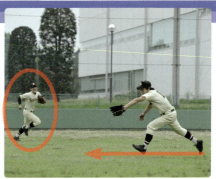

効くツボ 2

試合の展開を意識しつつ積極的に守る

積極的な守備は必要であるものの、試合の展開をよく考えながらプレーをする冷静さも大切だ。点差があり、勝っているにも関わらず、1塁打でおさえられるものを、強引に動きすぎて2塁打にしてしまうということはよくある。試合の展開を意識しつつ、積極性も忘れないようにする。

効くツボ 3

試合前のノック練習ではしっかりとした肩を見せつける

外野から各塁までは遠いため、少しのミスが相手の進塁を許してしまう。ボールをこぼさない正確な捕球をこころがけるなど、大胆さの中にも慎重さが必要。試合前の練習では、肩の強さを見せつけておくことが大切。相手チームに、進塁しにくい印象を与えておくと、進塁の抑止力になる。

やってみよう
ノッカーは浅めに打つ

外野の積極性を見せるには、試合前のノックで相手に印象づけることが重要。ノッカーは少し浅めの取りやすい打球を打ち、外野手は積極的な捕球と、自分自身の最大限の肩を見せておこう。

できないときはここをチェック ☑

意気込んで、試合前のノックでミスをしては逆効果。できなければ練習時に、同様の練習をくり返しておくこと。雑になることと積極的なことは別だ。

コツ No. **33** ▶▶▶ フィールディング

外野手は「素早く」内野手は「備える」

> **ココが直る** 連係プレーが決まるようになり、相手ランナーの進塁を阻止できる。

カットするフリで
ランナーを次の塁に進ませない

　外野からの様々な連係が完ぺきに決まれば、ランナーは自由に走れなくなる。しかし、少しでもスキがあれば、1つ、もしくは2つ先の塁をとられることにもなってしまう。

ランナーを自由に走らせてしまうのは、外野手だけの責任ではない。内野手とのバランスのとれた連係が重要だ。

　内野手は、カットプレーでしかるべき中継ポイントに入ることが大切だ。

効くツボ
1. 捕球したら素早く返球
2. ワンバウンドで投げる
3. ダミープレーでランナーを牽制

フィールディング

効くツボ 1

捕球したら
すぐに内野に返す

軟式野球では、フェンスまで届く打球は多く出ない。よって、いざフェンスまでヒットが飛んだ場合、不用意な姿勢でいると連携ミスを起こしやすくなる。捕球した直後、素早く中継の内野手に返球することが重要。内野手もしかるべき場所に中継ポイントを定め、外野からの返球に備える。

効くツボ 2

ワンバウンドで投げて
正確にコントロールする

外野手が、直接各塁に返球するときはワンバウンドさせる。ノーバウンドで正確に送球するほうがいいという教えもあるが、距離がある場合、送球が上へそれると、相手チームの進塁を許してしまう危険性があるので極力避ける。ワンバウンドさせると、より早く確実に内野手へ返球できる。

効くツボ 3

動くそぶりを見せて
相手にプレッシャーをかける

カットプレーに入る内野手は、バッターランナーや後方のランナーに対するプレッシャーをかける中継をすること。カットが必要ない場合でも、カットするふりをし、ランナーを次の塁に進ませないダミープレーが有効になる。細かい部分にもスキを見せず、積極的な守備を展開する。

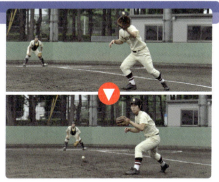

やってみよう
フェンス際の打球を処理

フェンスまで達した打球を処理する練習をやってみよう。打球にいち早く到達することは大切だが、決してあわてないこと。中継の内野手は、どこに投げてほしいのか、声をかける。

できないときはここをチェック ✓

悪送球をする危険性もあるため、中継は少し外野の近くに寄ってあげるとよい。無理な体勢で送球しているため、思った送球ができないこともある。

コツ No. **34** ▶▶▶ フィールディング

高く弾みきる前に
積極的に捕りにいく

ココが直る 高いバウンドの処理がうまくなり、ランナーの出塁を防げる。

ランナーに進塁の時間を与えない

　軟式野球では、特に注意すべき特有の打球がある。処理するのに困難なボールが多いのも、硬式野球と異なるところだ。

　弾力性のある軟式野球のボールは、**高く弾む特徴があるため、バウンドして頭を越されるような難しい対応を強いられることもある。**

　こうした打球の処理を誤ると、相手に得点のチャンスを与えてしまうことになる。日頃から十分に注意することが大切だ。

効くツボ
1. 2バウンド目は弾みきる前に処理
2. 弾むボールは前で処理
3. ポテンヒットを警戒

フィールディング

効くツボ 1

ピッチャーの頭上を越す
バウンドを二遊間が追う

ピッチャーの前でバウンドして高く跳ね、後方までいってしまう打球がよく出る。二遊間が打球を追い、的確に処理すること。ポイントは、2バウンド目の処理。ランナーに進塁の時間を与えないためにも、高く弾みきる前に、いかに早く打球に近づけるかが鍵となる。

効くツボ 2

高く弾むバントは
積極的に前に出て処理

これも軟式特有で、バントのバウンドが高くなる場合がある。キャッチャーがスムーズに捕球できる距離であればいいが、ピッチャーやサード、ファーストが処理しなくてはならないとき、ボールを待っている間にアウトにできなくなることが多々ある。積極的に前へ捕りにいくことが大切だ。

効くツボ 3

ポテンヒットを警戒して
フライは確実にアウトをとる

バウンドは高いが、打球は高くあがらないため、外野手と内野手の間に落ちるポテンヒットがよくある。特に、ファーストとサードの後方に落ちる打球が多い。ファースト後方であればセカンドが、サード後方であればショートが、つねにポテンヒットを警戒しておくことで対応できる。

Let's やってみよう
ジャンプしながら捕球する

ピッチャー後方の高いバウンドは、二遊間がショートバウンドであわせられればいいが、距離的に無理がある。2つめのバウンドが頂点に達する前に、ジャンプしながら捕球する練習しよう。

できないときはここをチェック ✓

少しだけ定位置を前にしてみよう。極端に変えると、通常の打球に対する処理が困難になることも考えられるので、「少しだけ」というのがポイント。

83

知っていると必ずトクする
もっと活躍できるようになる
週2の団体練習で全国へ
3 Point

私が監督をしているチームは、団体練習が週に2回しかない。「全国大会を本気で目指しているのか?」などといわれることも多々ある。しかし、この7年で6回のリーグ制覇、および全日本選手権に出場しているリーグ内でも中心的なチーム。その秘密を公開!

1 練習時間の長さより、明確な目的意識

なぜ、団体練習が少ないのに勝ち進めるのか。それは「練習の目的がはっきりしているから」である。逆に毎日のように練習をしていても、上位大会に進出できないチームも中にはある。そこには、明確な目的意識がないというケースが多いようだ。

2 時間の長さではなく、濃さを求める

毎日が同じルーティーンの練習になりがちで、なんとなく練習時間をやりすごしてはいないだろうか? 一方、野球ができる短い時間の中で、「指揮官や仲間に自分の実力をアピールしたい!」という気持ちで練習することと比較すると、どちらが効率的だろう。練習時間が短いからこそ、集中して連係プレーや、1つひとつのバッティング、ノックなどを大切に行うことができるということもいえる。

3 個人個人で日々の努力を積み重ねる

持久力や細かい練習は、日々の努力が必要となる。こうした部分は団体練習ではなく、個人練習で補うようにしよう。なぜ練習するのかという目的意識を各自がもち、考え実行することが、自己能力の向上につながる。そしてチームへの責任を果たすことにつながるのだ。

One Point Advice

ただ練習をこなせば強くなれるわけではない。強くなるためには何が必要かを考え、日々の練習にフィードバックすることが大切だ。長時間練習すれば強くなれるわけではない。短時間でも、目的意識をしっかりともって練習することが、大きな成長をもたらす。

Base running
ベースランニング

走塁は、ただ単に速く走れればいいというわけではない。
スタートのきり方や、スライディングのコツ、オーバーランで相手チームを
威嚇する方法など、1歩上をいくベースランニングのテクニックを身につける。

PART 4

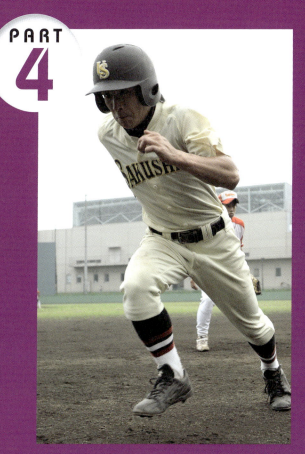

コツNo.35 全力の走塁を見せて 相手にプレッシャーをかける —— 86	コツNo.38 寸前に、低い姿勢をとり スピードを落とさず滑り込む —— 92	コツNo.41 「いける」と判断したら 迷わずスタートする —— 98
コツNo.36 進塁の意識を6割 戻る意識を4割もつ —— 88	コツNo.39 積極的なオーバーランで 守備陣を慌てさせる —— 94	コツNo.42 足が速くなくても 相手を十分に脅かせる —— 100
コツNo.37 右足体重で構えれば スムーズなスタートがきれる —— 90	コツNo.40 相手の癖を見抜けば 走塁は成功する —— 96	

コツ No. **35** ▶▶▶ ベースランニング

全力の走塁を見せて相手にプレッシャーをかける

> **ココが直る** 相手の守備陣をかく乱する、攻撃的な走塁ができるようになる。

脚力に自信がなくても足を使う選手だと錯覚させる

　バッティングだけでは攻撃が単純になり、少しよいピッチャーが投げてきたら、攻撃の幅が極端に狭まってきてしまう。そこで重要なのが走塁。バッテリーを含め相手守備をかく乱させ、バッターへの集中力を減少させる。また、守備陣にプレッシャーをかけることによってミスを誘い、有効な攻撃につなげていくようにする。
　アウトになるとわかっていても、常に全力疾走。そういう姿勢が、相手にとってプレッシャーとなっていく。

効くツボ
1. ジャブを打ち続ける
2. リードを大きくとる
3. サインがなくても偽盗する

ベースランニング

効くツボ 1
じっくりダメージを与える
ジャブを打ち続ける

ジャブは、ノックアウトさせる一撃ではなく、じっくり相手にダメージを与えるパンチ。これを野球の走塁にもあてはめる。内野ゴロや外野フライなどでも常に全力で走塁し、アウトになっても次の塁をねらっているというプレッシャーをかけ続けることにより、相手守備のミスを誘うのだ。

効くツボ 2
リードを大きくとって
盗塁をにおわせる

足の速い選手が塁にいると、相手は嫌がる。ゆえに脚力に自信がなくても、足を使う選手だと錯覚させることは、チームにとって重要な攻撃になる。たとえば足が遅いからこそリードを大きくし、いつでも盗塁する可能性があるように見せるなど、様々なプレッシャーをかけられる。

効くツボ 3
サインが出なくても
常に偽盗する

たとえばランナー1塁の場面で、ただ単に打ってから走る、盗塁のサインが出て初めて走るのでは、なんら相手守備陣のかく乱にはならない。盗塁のサインが出ていなくとも常に偽盗し、投球をするたびに「盗塁をするのかもしれない」と守備陣にプレッシャーをかけることが重要だ。

やってみよう
盗塁はチーム全体で行う

練習試合や公式戦でも意思統一し、チームとして盗塁にトライすることが必要である。選手1人だけが実践するのではなく、チーム全体が1つになって取り組むことが重要だ。

できないときはここをチェック ☑

ランナーをつけた試合形式の練習で盗塁を試してみる。くり返し守備陣へプレッシャーをかけ続けると、攻撃のリズムが変化するのを感じるはずだ。

コツ No. 36 ▶▶▶ ベースランニング

進塁の意識を6割 戻る意識を4割もつ

> **ココが直る** 相手とかけ引きし、積極的に足を使った攻撃ができるようになる。

コンマ何秒かの違いがセーフとアウトの明暗を分ける

　盗塁を含め走塁は、リードをしてから走るが、いつも一定の距離で同じ方向にリードをとるありきたりなやり方は、効果的ではない。盗塁は、コンマ何秒速いか遅いかで、アウトかセーフかが決まる。

　リードのとり方を変えるだけで、コンマ何秒か速く、次の塁に到達することができる。

　リードの方向や大きさを変えたり、ダミーを入れたり、工夫や相手とのかけ引きが必要である。

効くツボ
1. 進塁と帰塁は6：4で考える
2. リードの方向を変える
3. リードの大きさを変える

ベースランニング

効くツボ 1

次の塁への意識が6割
戻る意識が4割にする

リードしたときに、意識は次の塁なのか、戻るのか改めて考えてみる。戻る意識ばかり強くもっていると、いざ盗塁のサインが出たときにガラリと雰囲気が変わってしまう選手がいる。状況によって異なるが、次の塁への意識が6割、戻る意識が4割程度にもつとよい。

効くツボ 2

リードの方向を
状況により使い分ける

リードの方向は大別すると、たったの2種類しかない。次の塁をめざしまっすぐリードするのか、さらに次の塁をねらって外野側に少しさがりながらリードするのか。監督からのサインや攻撃の状況によって使い分ける必要がある。毎回同じリードをとっていてはいけない。

効くツボ 3

リードの大きさを
変えて相手に考えさせる

リードが毎回同じ大きさでは、相手守備陣にプレッシャーをかけられない。盗塁の成功率を高めることもできない。大きくリードし、盗塁の可能性を相手に伝え、本当は盗塁をしない。逆に小さくリードし、ピッチャーを油断させてからスタートするなど、相手とのかけ引きが重要である。

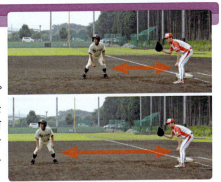

やってみよう
リードの方向を変える

リードの方向を変えると、どのくらいのタイムで次の塁に進めるのかを測ってみよう。ほんの少しのタイムの違いだとしても、さらに次の塁までのタイムも測ってみると随分違いが出てくる。

できないときはここをチェック ☑

仲間と一緒に練習し、リードの方向や走塁ラインを確認してもらう。ビデオに撮影してみるのもよい。修正して練習をくり返すことが重要だ。

コツNo.　▶▶▶ベースランニング
右足体重で構えれば
スムーズなスタートがきれる

ココが直る スタートダッシュがよくなり、盗塁の成功率を高めることができる。

盗塁により
ランナーを得点圏に進める

　盗塁は、攻撃側にとってチャンスを広げるために、もっとも有効な攻撃手段といえる。なぜなら、シングルヒットや四死球であっても、盗塁をすれば2塁、つまり得点圏にランナーを置ける。盗塁することによって、2塁打を打ったことと同様の得点チャンスがうまれるわけだ。さらに、3塁にランナーを進められれば、軟式野球では得点に結びつけられる大きなチャンスとなる。3盗もねらって積極的に足を使い、攻撃を仕掛けていく。

効くツボ
1. 右足体重でスタートをきる
2. スタートをきる度胸をもつ
3. 3盗が得点への近道

ベースランニング

効くツボ 1
右足に体重をかけ続けて スムーズなスタートをきる

盗塁をするとき、左足に体重を極端に乗せてしまう選手が多い。これではタイムロスになり、アウトになる確率が高くなってしまう。右足に体重をかけ続けるように意識する。そうすれば、スムーズなスタートを踏みきることができ、セーフになる確率をあげることができる。

効くツボ 2
スタートをきる 度胸を身につける

監督から盗塁のサインを出されてもスタートをきる度胸が足りないため、なかなかいいスタートを切れない選手が意外と多い。いくら50mを6秒前半で走る走力があったとしても、スタートをきる度胸がなければ盗塁は成功しない。自信をもってスタートをきる度胸を身につける。

効くツボ 3
軟式野球では 3盗が得点への近道

外野の定位置が前である軟式野球では、ランナーが2塁と3塁では、ヒットで本塁に帰ることのできる確率が、硬式野球と大きく異なる。3塁にランナーを置くことが重要なので、積極的に3盗を仕掛ける。二遊間の動きやピッチャーの始動リズムでスキがうまれたときが、大きなチャンスだ。

やってみよう
盗塁阻止練習で盗塁する

チームでのバッティング練習のときに、走塁の練習もしておこう。また、バッテリーの盗塁阻止の練習に参加し、盗塁がわかっている中であえて盗塁できるような技術を身につけよう。

できないときはここをチェック ✓

スタートの練習は2人いればできる。1人が投球のふりをして、1人がスタートの練習をする。くり返し交代で練習すれば、高い盗塁技術が身につく。

コツ No. **38** ▶▶▶ ベースランニング

寸前に、低い姿勢をとりスピードを落とさず滑り込む

> **ココが直る** スピードをロスしないスライディング技術を身につけられる。

どこに投げるか迷わせて送球を妨げる

　野球経験のある人であれば、スライディングが、意外と難しいプレーであることは知っているだろう。

　特に、アウトになるかセーフになるかぎりぎりの場面では、スライディングで明暗が分かれることも少なくない。

　相手がゲッツーをねらってきたとき、2塁を簡単にさされないようにしたり、どこに投げるか判断を一瞬遅らせて送球を妨げたりとスライディングには様々な効果がある。

効くツボ
1. 低い姿勢で滑り込む
2. 胸やおなかから地面に着ける
3. 回り込んでかいくぐる

ベースランニング

効くツボ 1

フットスライディングは低い姿勢で滑り込む

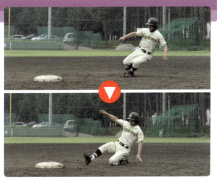

スライディングといえば、通常フットスライディングをいう。ほとんどの選手が取り入れているが、おしりやヒザなどが地面と接することで、極端にスピードを落としてしまいがち。そうならないためには、スライディングの寸前から、低い姿勢でベースに滑り込むことが大切だ。

効くツボ 2

ヘッドスライディングは胸やおなかから着地する

走る勢いで、そのまま手からベースに飛び込んでいくのがヘッドスライディング。恐怖感からヒザを着いてしまったり、スピードを落としてしまったりすることがある。胸やおなか部分から地面に着くようにすることで、スピードを落とすことなくベースに滑り込むことができる。

効くツボ 3

野手のタッチをかいくぐるスライディングを使う

キャッチャーのブロックや野手のタッチなどをかいくぐるスライディング技術をマスターする。好返球がきた場合、スライディング位置を変えて外から回り込みながらベースにタッチする。高度なスライディングテクニックだが、身につけることでセーフになる確率をあげられる。

やってみよう

回り込み練習

回り込みの練習では、仲間をベース前に立たせ、様々なスライディングを試すとよい。ベース前だけでなく、ベースの後方部分に立ってもらったりして、様々な場面を想定して練習しよう。

できないときはここをチェック ☑

走る距離が必要なわけではない。2〜3m手前からスピードを落として練習をしてみよう。慣れてきたら徐々にスピードをあげていくようにする。

93

コツ No. **39** ▶▶▶ ベースランニング

積極的なオーバーランで守備陣を慌てさせる

　次塁をねらっていることをオーバーランでアピールし、攻撃性を示す。

ランナーに注意を向けさせ攻撃の主導権を握る

　走塁において、力を抜いてしまいがちなのがオーバーラン。ヒットを打った後に、自分の打球に酔いしれてオーバーランをおろそかにしてしまう選手は少なくない。

　しかし、**オーバーランを積極的に見せることで、次の塁をねらっていることをにおわせ、相手にプレッシャーをかけることができる**のだ。相手のミスを誘い、次の塁をねらうことができる重要なプレーである。

1. スピードを落とさない
2. ランナーに意識を向けさせる
3. ファンブルを見逃さない

ベースランニング

効くツボ 1
塁を回るときに
スピードを落とさない

塁を回るとき、オーバーランでは決してスピードを落としてはいけない。「スキがあればいつでも次の塁をねらっている」という姿勢を積極的に見せるためだ。これは、相手のミスを誘う技でもある。ぎりぎりまでスピードを落とさないで大きくオーバーランをすることが重要である。

効くツボ 2
オーバーランで
守備陣を慌てさせる

しっかりとオーバーランをしてくるチームを相手にすると、守備陣は素早く送球をしたくなる。また、次の塁をねらっていると声をかけあうだろう。つまり、守備陣が慌てることにつながるわけだ。ランナーに意識を向かせることで、攻撃の主導権を握れるようになる。

効くツボ 3
相手のファンブルを見逃さず
スキがあれば次塁をめざす

外野にヒットを打ったとき、相手の守備がほんの少しでもファンブルやミスをしていたら、見逃してはいけない。そこで、スピードを落とさずにオーバーランをすることで、どんどんプレッシャーをかけていく。相手がスキをみせた場合、次の塁を奪うことができる。

やってみよう
オーバーランを意識する

外野フライでアウトになってしまう場面でも、オーバーランをしてみよう。ベースランニングの練習など常日頃からオーバーランを意識して実践することが重要だ。

できないときはここをチェック ☑

練習では失敗を恐れずに、積極的なオーバーランを実践してみる。少しでもスキがあったら、アウトになってもいい覚悟で次の塁をねらってみる。

コツ No. **40** ▶▶▶ ベースランニング

相手の癖を見抜けば走塁は成功する

ココが直る 単に走るだけでなく、相手の癖を見抜く戦略的な走塁ができるようになる。

ピッチャーにあの癖が出たら必ず牽制球が来る

走塁は、ただ単に「打ったときに走って」「盗塁して」いただけではうまくいかないし、チームの得点チャンスも広がらない。

まず重要なことは、**相手守備の癖やスキを見抜く視野の広さをもつこと**。たとえば、相手ピッチャーにある癖が出たときには、必ず牽制球が来るなど、パターンがあるものだ。走塁では走力だけではなく、相手のスキにチャンスを見出す観察力を備えることも、重要なテクニックの1つなのだ。

効くツボ
1. ピッチャーの癖を見抜く
2. 相手のスキは走塁チャンス
3. 捕球直前にスタート

ベースランニング

効くツボ 1

相手ピッチャーの癖を見抜く

ピッチャーがセットポジションをつくり、投球する。そのわずかな時間の中に癖を見出すことが大切だ。投球直前、ピッチャーによっては首の振りや肩の動き、ヒザの動きなどに癖が出る。投球するか牽制球を投げるかで、パターン化しているピッチャーもいるので、癖を見抜けるようにする。

効くツボ 2

相手のスキをうかがい走塁チャンスを見出す

相手の野手が打球を弾くなどのミスを見逃さないことが重要。ほかにも、ランナーが進塁してこないと考え、ゆっくりと打球を処理したり、内野手のカットに怠慢な動きがあったりする。小さなスキを常にうかがって、走塁チャンスを見出すことが大切なのだ。

効くツボ 3

キャッチャーが捕球する直前にスタート

ランナーが出ると、相手にスキができることがある。リードをとって、ピッチャーの投球と同時にスタートするのが普通の盗塁。しかし、キャッチャーがボールを捕球する直前にスタートするディレードスチールが効果的。相手守備陣は盗塁への意識がなくなっているため、スキができる。

やってみよう
周囲をよく観察する

周囲をよく観察してみよう。ふだんからともに練習している仲間の癖やスキなどは、比較的わかりやすい。それらを自らの練習に取り込んで、盗塁を含めた走塁の練習にするとよい。

できないときはここをチェック ☑

試合観戦に行き、試合全体をプレーヤーの視点で見てみる。自分がプレーするわけではないので、よゆうをもって守備の癖を見抜くことができる。

コツ No. 41 ▶▶▶ ベースランニング
「いける」と判断したら迷わずスタートする

 打球の判断力が備わり、走るか戻るかの適切な走塁ができるようになる。

判断の積み重ねが試合結果につながる

　打球を判断するのも重要な走塁テクニックの1つだ。バッターが打ったら何でも走る、という姿勢でいると、なかなか効果的な攻撃にはつながらない。

　上級者は、1つのゴロであっても、内野手の位置やゴロの強さ、高さなどを瞬時に判断し、1歩目を踏み出すかどうかを素早く決断する。

　その1つひとつの判断の積み重ねが、得点、試合結果へとつながっていくのだ。

1. ライナーを的確に判断
2. ゴロを的確に判断
3. タッチアップをねらう

ベースランニング

効くツボ 1
ライナーの判断を的確に行う

「ラ イナーだから飛び出すな」という注意を促すのが「ライナーバック」。ヒットと判断しても野手の正面に飛んでバッターアウトになると、ランナーまでアウトになってしまう。しかしヒットになれば、2つ先の塁もねらえる。経験で勘を養いライナーの判断を的確にすることが大切だ。

効くツボ 2
ランナー3塁ではゴロの判断が重要

特 に軟式野球では、無死、または1死ランナー3塁でのゴロの判断で、得点が入るか入らないかが決まる。内野手の位置やゴロの強さ、高さなどを瞬時に判断し、1歩目を踏み出せるかどうかが重要である。ホームに行けると判断したら、迷わずスタートすることが大切だ。

効くツボ 3
野手の捕球体勢が悪い場合はタッチアップをねらう

外 野にフライが飛んだ場合に、タッチアップをするのか、塁と塁の間で止まるハーフウェイにするのかを、迷うことがあるだろう。捕球する野手の体勢が悪いと判断した場合は、タッチアップをねらってみる。この状況判断によっても、得点できるかどうかの明暗が分かれる。

やってみよう
打球を判断する力を養う

ランナー3塁でのスタート練習をしよう。バッターはたたきつけるバッティングをし、ランナーはその打球を見極める。速く低いゴロでスタートしては、ホームでアウトになってしまう。

できないときはここをチェック ✓

難易度をさげて、転がしたボールでスタート練習をする。転がす人は高いバウンド、つまった打球、低いゴロなど様々なボールを使い分ける。

コツNo. **42** ▶▶▶ ベースランニング

足が速くなくても相手を十分に脅かせる

 たとえ足が速くなくても、効果的な走塁ができるようになる。

相手守備にミスが出る可能性を考えながら走る

軟式野球では、特に足の速いランナーがチーム内にいると、とても頼りになる。打撃のように好不調の波も少なく、相手にプレッシャーをかけるには非常に有効的だからだ。

しかし、よく「走塁がうまい」といわれる選手もいる。足があまり速くなくとも走塁力のある選手だ。**相手とのかけひきがうまかったりすると、その選手の走塁力は相手チームを十分脅かすことができる。**

1. スピードをいかす
2. 相手のミスも考える
3. 自信をもつ

ベースランニング

効くツボ 1

スピードをいかせる走塁技術を身につける

足の速さは大きな魅力だ。ただし、直線の50m走を6秒前半で走ることができても、ベースを回るときにスピードが遅くなったり、相手守備の牽制球から消極的になってしまったりすると、スピードはいかされない。せっかくのスピードを存分にいかせる走塁技術を身につけることが重要だ。

効くツボ 2

相手守備のミスも考えて走塁する

走塁力には、スピードだけではなく、相手守備とのかけひきも含まれる。盗塁でもリードの大きさを変えたり、時間差をつけるディレードスチールを仕掛けたりすることもある。このとき、相手守備にミスが出る可能性も考えながら走ることで、走塁力をあげることができる。

効くツボ 3

走塁に大切なもの、それは自信

様々な相手と試合をするとしても、走塁力がある選手と出あったとき、どのような部分でそう感じるだろうか。大胆にリードを仕掛け、盗塁すれば思いきったスライディング。あっという間にホームにかけ込んでくる。そんな選手ではないだろうか。自信をもつことが極めて大切なのだ。

やってみよう
走塁練習を取り入れる

走る練習を苦手にしている選手も多いが、積極的に走塁練習をくり返すことをすすめる。打撃練習において、ランナーの練習もあわせて取り組むことで、実戦的な走塁練習ができるようになる。

できないときはここをチェック ✓

鬼ごっこや缶けりなど、追いかける遊びでも、走塁の練習につながる。ストップ&ゴーや、捕まりそうになったときのかわし方などが身につく。

まずはやってみる
3 Point

現在スポーツ界では、「スポーツ心理」という言葉がよく聞かれる。
しかし、そのことだけが先行するのはあまり好ましくないように感じる。
まずは、大好きなスポーツを思いきってやることが大切ではないだろうか。

1 論理だけでは説明できない

「スポーツ心理」には、納得する部分が数多くあることも事実。しかし、正直にいえば、「スポーツ心理」の考え方だけが、実践を伴わずに先走りしているように感じられることがある。頭では理解できるものの、実際の試合は論理だけでは説明できない局面が多々ある。机上の空論にしてしまわないことが大切だ。

2 試合にマニュアルは通用しない

プロでない選手たちが、どれだけ「スポーツ心理」を考えながら活動しているだろうか？ 「こうすれば心理的に強くなります」といわれても、なかなかうまくいくものではない。プレー中には、相手を惑わす心理的な戦法など、メンタルが影響する局面も多く存在する。しかし、試合を振り返ると、マニュアルが素直に通用するほど単純ではないことが多いのだ。

3 大好きなスポーツを思いきってやる!

「スポーツ心理」は、専門スポーツの基礎的技術を、ある一定のラインまで高めた上で考える論理的な教えだと感じる。何を語っても、結局は心理学につながっているものだということも認識もできる。ただし、まずは論理よりも大好きなスポーツを思いきって自分の体でやってみることが、もっとも重要ではないだろうか。

One Point Advice

「スポーツ心理」の教えを否定しているのではない。しかし、実際の試合は、マニュアルどおりのメンタルコントロールが通用するほど単純に進まないというのが実情だ。それこそが、野球というスポーツの難しいところであり、奥深いところでもあるのだ。

Team play
チームプレー

常識的なオーダーの決め方にとらわれることなく臨機応変に戦術を変えられる柔軟性のあるチーム戦略を身につける。技術だけでなく、仲間との連携や相手チームへのリスペクトなど野球人としての成長にもつなげたい。

PART 5

コツNo. 43	チームが一丸となればもっと高い能力をひきだせる — 104
コツNo. 44	周囲をよく見て情熱と冷静のバランスを保つ — 106
コツNo. 45	サード、セカンド、ライトにセンスのある選手を配置する — 108
コツNo. 46	最強バッターが4番にこだわる必要はない — 110
コツNo. 47	プレーボールの前から試合は始まっている — 112
コツNo. 48	波をコントロールし試合に勝つリズムをつくる — 114
コツNo. 49	何が何でも勝ちたい気持ちが最後に勝敗を分ける — 116
コツNo. 50	相手チームへの敬意がさらにチーム力を向上させる — 118

コツ No. **43** ▶▶▶ チームプレー

チームが一丸となれば もっと高い能力をひきだせる

> **ココが直る** 個人でプレーするのではなく、チーム一丸となって目標達成をめざす。

チーム全員の意識を同じ目標に向ける

試合で勝つためには、個人技術の向上はもちろんのことだが、上位大会になればなるほど個人の技術だけでは勝つことは困難になる。重要なことは、**チーム全員の意識が目標に向かって同じ方向を向いているかどうか**。

ただ単に、一介の選手が数人集まりあっているだけのチームでは、勝利に近づくことはできない。個人の能力は、チーム一丸となって初めて、最高の形で発揮されるのである。

効くツボ
1. チームの目標を立てる
2. つらさをいとわない
3. 1人1人の重要性を理解

チームプレー

効くツボ 1

チームの力を分析し
チームの目標を立てる

チーム内での目標は、統一されているだろうか。ミーティングをして、チームの力を冷静に分析してみよう。その上で、より高い目標を掲げ、その目標に向かって全員が同じ方向を向いていることがもっとも重要だ。チームが一丸となれる目標設定こそ、勝利につながる野球を実現する。

効くツボ 2

つらさがあるから、
楽しさがある

つらい練習や指導に対し、「楽しい野球を求めていた」という選手が出てしまうことがある。もちろん、ときに笑いがあってしかるべきだが、やはり勝負ごとは勝たなければ、結局は「楽しい野球」につながらない。価値観の相違もあるが、つらいことがなければ楽しさは感じることはできない。

効くツボ 3

1人1人が重要だと
正しく理解する

チーム内でエースや4番などを担当する選手は当然いるが、そういった選手が特別というわけではない。試合中、声も出さずに自分が中心選手だと勘違いしている仲間がいたら、チームは勝ち進むことはできないだろう。全員がチームにとって重要であり、1人欠けてもチームは成り立たない。

Let's やってみよう
限られた時間を大切に使う

プロでもない限り、毎日長時間野球に携われる野球人はほとんどいない。限られた時間を精いっぱい大切に使い、全員が野球に一生懸命になってみよう。目標を声にして練習に取り組もう。

できないときはここをチェック ✓

野球を始めた幼い頃をチームで振り返る。泥だらけになり汚れたボールを懸命に追いかけた。つらいことも含め、野球の楽しさを再認識できるはず。

105

コツ No. **44** ▶▶▶ チームプレー

周囲をよく見て
情熱と冷静のバランスを保つ

ココが直る 単独プレーに走らず、チームで連携する野球ができるようになる。

声をかけあうことで仲間との連係を強化する

　チームの勝利をめざし、またよいプレーを結果につなげたいことから、気持ちばかりが先走ってしまうことがある。よく「1人で野球をするな」などと試合中に声をかけられることがあるが、そういう選手は熱くなりすぎて周りが見えていないのだ。

　アグレッシブなプレーをすることと同時に、気持ちを冷静に保つ必要性を理解しよう。情熱と冷静、そのバランスをとることが、いいプレーにつながるのだ。

効くツボ
1. 周りを見る
2. 声を出す
3. チームを引っ張る

チームプレー

効くツボ 1

周りを見て
チームのよさをひきだす

懸命なプレーをする気持ちが先行すると、仲間たちの存在を忘れがちになってしまうことがある。全力でプレーすることは大切だが、独りよがりは危険。常に仲間を信じ、ときに仲間をうまく使いながら、チームのいいプレーをひきだすことが勝利につながるのだ。冷静に周囲を見渡してみる。

効くツボ 2

声を出すのは
仲間とつながりあうため

練習や試合で、声が出ていないといわれることがある。ただし、単に大きな声を出しても意味がない。声を出すということは、仲間に声を「かける」ということ。「次はセンターに打球がいくぞ」「必ず転がしてランナーを進めてくれ」など連係をとるのだ。声を出す意味を理解しておく。

効くツボ 3

チームを引っ張る気持ちで
プレーする

チームを引っ張ろうとして、強引なプレーになってしまうことがある。熱いプレーの中で冷静さを保ち、仲間の信頼をより強いものにすることが重要である。そういったプレーはチーム内に好影響を与えるから、ほかの選手のよいプレーをひきだすきっかけになり、勝利につながる。

やってみよう
ワンプレーごとに声を出す

練習や試合で、ワンプレーごとに必ず仲間に大きく声をかけよう。これを常に実践をすることで、周囲の雰囲気が変わってくる。チーム全員で野球をやっている意識も高められる。

できないときはここをチェック ☑

声をかけあう一方で、気持ちが高ぶり、冷静になれないことがある。そのようなときこそ監督に声をかけてもらえるようお願いしておく。

コツ No. ▶▶▶ チームプレー

サード、セカンド、ライトにセンスのある選手を配置する

> **ココが肝心** 軟式野球においてキーとなるポジションを理解し、守備を固める。

軸となるポジションを理解して、レベルの高い野球をめざす

守備位置により選手としての価値が変わるというわけではないが、軟式野球において、軸とすべきポジションはある。チームの要となる傾向のあるポジションだ。

とりあげるのは、サード、セカンド、ライト。それぞれが担う役割と、適正タイプを提示する。

なぜ要となるのか。また、チームにとってどういった選手を配置すべきなのかを理解すれば、レベルの高いチームに、一歩近づける。

 効くツボ
1. サードは安定した守備力が必要
2. セカンドは広範囲をカバー
3. ライトは肩の強さが肝心

チームプレー

効くツボ 1

サードには安定した守備力を備える選手を配置

軟式野球で、もっとも打球が飛んでくるポジションはサードとよくいわれる。この守備が安定していることは内野陣にとって大きな頼りとなる。軟式野球特有の打球の処理でも、セーフティーバントへの対応でも、セオリーどおり、安定した守備をこなせる選手をサードには配置したい。

効くツボ 2

セカンドは守備範囲が広く様々な役割が課せられる

セカンドは、内野手で、一番守備範囲が広い。打球を処理するだけでなく、バント処理における1塁ベースカバーはもちろん、1塁ゴロでベースが空いた場合には、ピッチャーではなくセカンドが入る可能性もある。さらに1塁牽制へのカバー対応など、役割は本当に様々。

効くツボ 3

ゴロ処理や肩の強さをふまえてライトはセンスのある選手を置く

ライトは、一般的にはあまりうまくない選手が担当している印象がある。しかし、中級以上のチームになると、外野手の中でも一番センスのある選手を置きたい。軟式特有のライトゴロの処理や、3塁に進ませない肩の強さなど、ライトに頼りになる選手がいるチームはスキがなく感じられる。

やってみよう
守備を変えてチーム活性化

ショートの選手をライトに移動したり、キャッチャーを担当している選手をサードに変更してみたり、工夫してみよう。様々な守備にトライさせることがチームの活性化につながる。

できないときはここをチェック ✓

トライするにしても適材適所があり、チームによっては難しいこともある。まずは、試合形式のバッティング練習やノック練習でトライをしてみる。

コツ No.46 ▶▶▶ チームプレー
最強バッターが4番にこだわる必要はない

> **ココが直る** 常識的なスターティングオーダーにとらわれることがなくなる。

試合のリズムが悪い場合はスターティングオーダーを見直す

　試合に勝つための１つの戦術として、**スターティングオーダーを含めた選手起用が重要となってくる**。選手が大幅に変わることのないチームもあるだろうが、どうしても試合でのリズムが悪く、試合結果につながらない場合は、オーダーを見直してみるとよい。

　常識的なスターティングオーダーにこだわる必要はない。４番バッターが最強という認識を変えてみるのもよい。そういった試行錯誤が強いチームをつくるのだ。

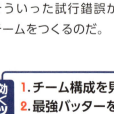

効くツボ
1. チーム構成を見直す
2. 最強バッターを3番に置く
3. 全体のバランスを考える

チームプレー

効くツボ 1
今のチームにあっているか構成を見直す

ス ターティングオーダーにおいて多いのが、1番バッターは足が速く、2番はバントがうまい選手。3番が好バッター、4番が長距離砲、8番9番は打撃力の弱い選手といった構成だ。しかし、本当に今のチームにあっているだろうか。見直してみると、チームの再編成として有効だ。

効くツボ 2
最強バッターを3番に置いてみる

通 常野球の世界では、4番には、チームにおいて最強のバッターを置くことが多い。しかし軟式野球では、硬式野球に比べてヒットが出づらい。これをふまえて考えると、1打席でも多く打席に立たせるために、たとえば最強バッターを3番に置くことも有効なチーム戦術の1つとなるはずだ。

効くツボ 3
全体のバランスを考えてスターティングオーダーを決める

初 回以外では、4番バッターがその回のトップになることもあり、9番バッターがその回の4番目のバッターになることもある。どの選手から始まるかによって、攻め方をどのように変えていくのかなど、全体のバランスを考えながらスターティングオーダーを組んでみるとよい。

やってみよう
サブメンバーの起用も一考

スターティングオーダーの組みあわせは、何百通りとあるはず。試行錯誤すれば、サブメンバーからもスターティングメンバーに加わる選手が出てくる可能性がある。

できないときはここをチェック ✓

うまくバランスがとれない場合、チームを3分割しよう。走力・出塁率・長打力の高さで区別。3タイプを再構成してチームをつくるとバランスが整う。

コツ No. 47 ▶▶▶ チームプレー
プレーボールの前から試合は始まっている

相手チームの偵察を通じて、重要な情報を収集できるようになる。

試合前の偵察で優位な立場に立つ

　試合というのはプレーボールから始まるのではない。**ベンチに入ったときからすでに試合は始まっている。**

　選手は、試合前の準備をしながらどのようなことを考えているのだろう。相手ピッチャーのブルペンピッチングを観察してみたり、相手ベンチの雰囲気を感じたり相手チームの力量を推し量ることも、試合前の重要な準備である。試合前練習の準備のあり方に、チームの力量が現れることが多い。スキを見逃さないことが大切だ。

1. 中心選手を見極める
2. ピッチャーの力量を推し量る
3. 準備のスキはプレーのスキ

チームプレー

効くツボ 1

相手チームの中心選手を見極める

チームというのは、監督や主将のほかに、ムードメーカーになっている選手がいる。相手チームのだれなのかを、試合開始前に見極めておく。彼に注目していれば、相手チームの様子が察知できる。その選手を試合開始で勢いをつけさせないことも、流れを自軍に引き寄せるためには重要だ。

効くツボ 2

相手ピッチャーの本来の力量まで推し量る

試合前、相手ピッチャーのブルペンピッチングを偵察する選手は多い。そのとき、どのように感じているかが重要。ただ単に球が速いとか、変化球のキレがよい、高めに浮いているというだけでなく、本来はどんなピッチャーなのか、今日のできはどの程度のレベルなのかまで見極めることが大切。

効くツボ 3

準備の仕方に相手チームの力量が現れる

相手の試合前練習をふだんどう見ているだろう。ランニングからダッシュ、準備体操やキャッチボールなど、十分にやっているチームは、ある水準までの力は備わっていると考えられる。力がありそうなチームでも、こうした準備を十分していない場合は、どこかにスキがあると考えてもよい。

Let's やってみよう
相手のスキを見定める

自分の準備に集中することが大前提だが、その合間に相手チームの分析をすること。ノック練習で送球ミスがないのかなど、相手のスキを見定めれば、試合本番で役立つヒントも見つかる。

できないときはここをチェック ✓

チームの仲間と一緒に、相手の分析をすれば、個人では感じられない部分にも気づくことができる。チームとしてのゲーム方針も決まる可能性がある。

コツ No. **48** ▶▶▶ チームプレー

波をコントロールし 試合に勝つリズムをつくる

 ココが直る 試合の波をコントロールし、流れを引き寄せられるようになる。

ピンチでの我慢強いプレーが流れを引き寄せる

どんなスポーツでも、試合には流れというものがある。指揮官は、今の状況がどのような流れであるのかを読み取りながら采配をふることとなるが、**プレーヤーも同時にゲームの流れを感じとることが必要。**

大胆に攻撃や守備をしていくのか、ここはひとつ大切に、保守的な姿勢でいくのかを感じとりながら試合を運ぶことが大切だ。

流れを無視して調子の悪さばかりを嘆いていても、いい結果は得られない。

 効くツボ
1. 波をコントロールする
2. 粘り強さで引き寄せる
3. 得点のタイミングをとらえる

チームプレー

効くツボ 1
行動や気持ちの波を
コントロールする

人の行動や気持ちには必ず波があり、それがいわゆるリズムというものである。当然野球にも波があり、そのリズムのあり方によって試合の展開も目まぐるしく変わってくる。試合に勝つためには、波を無視してはいけない。その波をいかにコントロールしていくかが鍵となるのだ。

効くツボ 2
粘り強いプレーが
流れを引き寄せる

1 試合の中では、ほぼ必ず1回はピンチという場面に遭遇する。こうしたピンチの部分をいかに切り抜けるかで、試合の流れが変わってくる。また、攻撃でもチャンスをものにできないときがあるが、そういったときこそ我慢して粘り強くプレーしていれば、流れを引き寄せられる。

効くツボ 3
得点チャンスの
タイミングをとらえる

上位大会になるほど、得点のチャンスは何度も来ない。ただし、複数得点になるチャンスも当然ある。相手の守りにミスがでたりすると、得点が入る可能性が高くなる。特に、ランナーが2人以上出塁する場面では大きなチャンスとなる。このタイミングをうまくとらえて得点につなげる。

やってみよう
声をかけあう

ここぞというタイミングで、仲間と一緒に声を出してみよう。我慢しなくてはならないのであれば、全員で我慢を分かちあおう。また、大きな攻撃チャンスであればなおさら声をかけあおう。

できないときはここをチェック ✓

スコアブックを見直せば、試合の展開が鮮明に示されているので、攻める部分と我慢しなければならなかった部分を見直すことができる。

コツ No. **49** ▶▶▶ チームプレー

何が何でも勝ちたい気持ちが最後に勝敗を分ける

> **ココが直る** あきらめることがなくなり、最後まで勝利をめざして戦えるようになる。

相手が強豪チームでも勝てる可能性は必ずある

練習において、万全の準備をしていても、やはり敗戦してしまうことはある。野球というのは特に、試合をしてみないと結果がわからないといわれるスポーツだ。

それでは勝つためには、あと何が必要なのか。それは**決してあきらめない勝利へのこだわり**である。トーナメントの多いアマチュア野球では、特に勝利に対する気持ちの強さが勝敗を決することが多い。同レベルの対戦ならば、勝利へのこだわりが強いチームが、最終的には勝つ。

 効くツボ
1. 攻め入るスキを見つける
2. 「何が何でも」の気持ちをもつ
3. 前向きに挑む

チームプレー

効くツボ 1

どんな強豪チームでも攻め入るスキはある

相手が、強豪といわれているチームでも、自分たちが勝てる可能性は十分にある。相手はふだんどのような戦い方をしてきているのか。得意な試合展開はどんなものか。守備面ではどんな弱い部分があるのかなどをいち早く分析することが大切。どんなチームでも攻め入るスキはある。

効くツボ 2

「何が何でも」の気持ちを全員がもつ

勝つためには、チーム全員が、「何が何でも勝利を」という気持ちをもつことが重要だ。何気なく試合をスタートし、途中で慌ててしまう試合展開というものを経験したことはないだろうか。ベンチ入りしたときから試合は始まっており、目の色を変えて相手に挑む姿勢が勝利へ導く。

効くツボ 3

自分たちだけではなく相手もプレッシャーを感じている

試合というのは当然、相手があるものだ。相手チームも勝ちたいと考えているに違いない。つまり、自分たちが勝利へのプレッシャーを感じているのと同様、相手も感じているものである。プレッシャーを感じすぎず、相手も同様に緊張している事実を客観的に振り返り、前向きに挑む。

Let's やってみよう
勝ちたい気持ちを徹底する

試合直前に、今日のゲームの課題として、勝ちたい気持ちをプレーボール直後から全員で出すことを徹底しよう。仲間が一緒に勝利への意識を高めることで、自然と好プレーにつながる。

できないときはここをチェック ✓

仲間たちの「目の奥」を感じよう。何を考え、どのような気持ちの準備をしているのか。仲間を信頼し、同じ目的を持つ強い結束を再確認する。

コツ No.50 ▶▶▶ チームプレー
相手チームへの敬意が さらにチーム力を向上させる

> **ココが直る** 相手を敵とみなさず、尊敬の念をもって接すれば、いいところを吸収できる。

相手を敬う心が真の強さを育む

チーム力のさらなる向上をめざすためには、**これまで対戦している相手チームへのリスペクト、すなわち尊敬の意を感じること**がとても大切。

試合では大差で勝利したものの、野球への情熱やひたむきさを感じさせるチームも多かったはず。ただ単に強かった、弱かった、きちんとしていない、ピッチャーが速かった、などだけでなく、相手を敬う気持ちをもってほしい。その心が、真の強さを育む力になる。

効くツボ
1. 相手に敬意を払う
2. いいところを吸収する
3. 感謝の気持ちと誇りをもつ

チームプレー

効くツボ 1

「礼に始まり礼に終わる」は、対戦相手への敬意

武道は礼に始まり礼に終わるという。意味は、その道による違いはあれ、初めから終わりまで相手に対する敬意を失ってはいけない教えを説いている。相手を尊重すべしという意味で、試合の始めと終わりに礼をする。これは野球も同様。対戦した相手に敬意を示す姿勢が基本にある。

効くツボ 2

相手をリスペクトすれば自分を育てる肥しになる

相手チームをリスペクトするということは、相手のよさを感じられている証拠である。せっかく感じられた尊敬できるものを、そのままにしておくことはない。チームや自分自身にどんどん吸収して、スキのない軟式野球の構築をめざす。相手へのリスペクトが、自分を育てる肥やしになる。

効くツボ 3

同じ野球人として携わるすべてに感謝

どんなメンバーでも、野球が好きで仕方のない人の集まりである。裏方をするマネージャーや、相手の監督。審判も含め、その試合に関係するすべての人が「同じ野球人」。自らがこの野球場でプレーできることに感謝の気持ちと誇りをもつことで、さらなる実力の向上がかなうに違いない。

Let's やってみよう
相手の監督と話してみる
時間が割ければ、相手監督に今日の自分自身のプレーで感じられたことを聞いてみよう。異なる目線から話を聞く姿勢も大切だ。相手チームへのリスペクトが増すことにもつながる。

できないときはここをチェック ☑
相手チームの、同じポジションの選手に声をかけてみる。ふだんの練習方法などから相手をリスペクトできる部分を見つけることができる。

119

足の裏側のストレッチ

一方の脚を前方に伸ばし、もう一方は曲げて、地面に座る。伸ばしている側のつま先を手前に引き寄せて、足の裏を伸ばす。（左右：10秒静止）

股関節、お尻のストレッチ

地面に座り、一方の脚は後方に伸ばし、もう一方は曲げて、ヒジでヒザを押さえ込む。曲げている側のお尻を伸ばす。（左右：10秒静止）

軟式野球に必要なストレッチ体操

練習前にはストレッチを十分にしておく。
筋肉や腱を柔軟にしておくことで、プレー中に急激な負荷がかかっても、怪我を防げるようになる。また、練習後にすると、疲労を速やかに回復できる。
もちろん筋肉や腱が柔軟であれば、プレーパフォーマンスも高まるに違いない。
軟式野球は全身運動なので、体の各部を隈なくストレッチしておく。

前モモのストレッチ

地面に横になり、一方の脚を伸ばし、もう一方を曲げる。ストレッチする側のカカトをお尻につけ、つま先を手で引く。（左右：10秒静止）

体側のストレッチ

一方の脚を横に伸ばし、もう一方を曲げて、座る。伸ばした側へ上体を傾けて体側を伸ばす。体が前傾しないように。（左右：10秒静止）

股関節、肩甲骨のストレッチ

左右に広く開脚して、中腰になる。両手を両ヒザに置き、腰をひねりながら、ひねるのとは逆方向の股関節を押し広げる。（左右：10秒静止）

内モモ、お尻のストレッチ

両脚を広げて中腰になり、両ヒジで両ヒザをプッシュ。ヒジでヒザを外側に押し広げるようにする。猫背にならないように。（10秒静止）

肩のストレッチ

ストレッチするほうの腕を、胸の前に伸ばす。ヒジの付近を反対の手で、自分のほうに軽く引き寄せる。（左右：10秒静止）

手首のストレッチ

ストレッチするほうの手を前に伸ばし、反対側の手で指先を手前に引く。手のひらを内に向けるのと、写真のように外に向ける2種類。（左右：10秒静止）

肩甲骨のストレッチ

両ヒジを閉じた状態から、開いて胸を張り、両手をあげて、おろす運動をくり返す。肩甲骨の開閉を意識しながらゆっくり動かす。（10回）

これで差がつく! 勝つ!
軟式野球 上達のコツ50

すべての「コツ」と「ツボ」を一覧にしました。
ここに技術が凝縮されています。
ひととおり読み終え、いざ練習に向かうとき、
切り取って持っていき、確認にご利用ください。

PART1 バッティング

コツNo.01 始動でリラックスし 無駄な動きをそぎ落とす P12	効くツボ 1	始動時にリラックスする
	効くツボ 2	手首は親指側に角度をつける
	効くツボ 3	ヒザをしぼる

コツNo.02 自分の個性を磨くと 打撃力の向上がかなう P14	効くツボ 1	自分のタイプを見極める
	効くツボ 2	バネをいかして長打ねらい
	効くツボ 3	スピードをいかしてヒットねらい

コツNo.03 手首が返る瞬間なら エネルギーを存分に伝えられる P16	効くツボ 1	手首が返る瞬間に打つ
	効くツボ 2	ゾーンで捕える
	効くツボ 3	力を逃がさない

コツNo.04 選球眼を鍛えると ボールを正確に見極められる P18	効くツボ 1	ピッチング練習に参加する
	効くツボ 2	集中してボールから目を離さない
	効くツボ 3	ピッチャーとの間合いを意識する

コツNo.05 軸を立てれば 勢いのある安定したスイングができる P20	効くツボ 1	関節に余裕をもたせる
	効くツボ 2	軸をまっすぐに保つ
	効くツボ 3	軸を保ったまま体重を移動する

コツNo.06 体のひねりを使えば もっと楽に飛ばせるようになる P22	効くツボ 1	体幹を使う
	効くツボ 2	ヒッティングポイントに集中
	効くツボ 3	スイングをコンパクトにする

コツNo.07 ねらいどおりに打ち分けて ランナーの進塁を促す P24	効くツボ 1	逆方向へはヘッドを立てて強振
	効くツボ 2	正方向へは体の開きをおさえる
	効くツボ 3	スピード型は三遊間ねらい

コツNo.08 「引っ張る」イメージで 逆方向への打撃力をあげる P26	効くツボ 1	ヒジ、ワキをしぼる
	効くツボ 2	「引っ張る」イメージ
	効くツボ 3	バッドヘッドを立てる

コツNo.09 送りバントは高く構えて それより低いボールに仕掛ける P28	効くツボ 1	高くバットを構える
	効くツボ 2	ヒザで高さをあわせる
	効くツボ 3	ねらう方向にバットを定める

コツNo.10 ファウルを覚悟して きわどく塁線上をねらう P30	効くツボ 1	ファウルを覚悟してねらう
	効くツボ 2	塁線上をきわどくねらう
	効くツボ 3	走り出しながら打つ

コツNo.11 ライトかショートねらいで ヒットエンドランを仕掛ける P32	効くツボ 1	ライトをねらう
	効くツボ 2	ショートをねらう
	効くツボ 3	最低限転がす

コツNo.12 たたきつけて弾ませて 3塁ランナーを生還させる P34	効くツボ 1	ボールの上半分をこする
	効くツボ 2	体を開かずに打つ
	効くツボ 3	「絶対当てる」気持ちが大切

PART2 ピッチング

コツNo.13 軸足に体重を乗せ 体幹をひねって力をためる P38	効くツボ 1	軸足に体重を乗せる
	効くツボ 2	体幹をひねる
	効くツボ 3	ヒザを開かない

コツNo.14 練習で努力の姿勢を示し 仲間からの信頼を得る P40	効くツボ 1	チームから信頼を得る
	効くツボ 2	周りの8人の使い方を考える
	効くツボ 3	故障対策をおこたらない

コツNo.15 リリースポイントの安定が コントロール力を高める P42	効くツボ 1	リリースポイントを安定させる
	効くツボ 2	視線を安定させる
	効くツボ 3	フォームの再現性を保つ

コツNo.16 インコースを使って 相手に的を絞らせない P44	効くツボ 1	体の開きをおさえる
	効くツボ 2	バッターのふところに投げ込む
	効くツボ 3	ホームベースの幅を有効利用

コツNo.17 低めにボールを集めて バッターの引っかけを誘う P46	効くツボ 1	低めに配球する
	効くツボ 2	ヒットの出やすいゾーンを避ける
	効くツボ 3	ていねいに投げる

コツNo.18 落ちる系の変化球に 低めの高速ストレートを混ぜる P48	効くツボ 1	低めの高速ストレートを使う
	効くツボ 2	球速を変化させる
	効くツボ 3	勝負球はストレート

コツNo.19 変化球を随所に混ぜて 的を絞らせない P50	効くツボ 1	同じ投げ方で球種を変える
	効くツボ 2	初球に変化球を使う
	効くツボ 3	球速にも変化をつける

コツNo.20 ヒザ元で変化するボールで 三振を奪いにいく P52	効くツボ 1	低めで変化するボールを投げる
	効くツボ 2	縦の変化球を使う
	効くツボ 3	ボール球に変化させる

コツNo.21 三振か打たせてアウトか 局面に応じて投球する P54	効くツボ 1	ふだんの投球をこころがける
	効くツボ 2	メリハリをつける
	効くツボ 3	かけひきで勝負する

PART3 フィールディング

コツNo.22 内野手は3歩、外野手は5歩手前で 守備力はもっと高まる P58	効くツボ 1	内野手は3歩前で構える
	効くツボ 2	外野手は5歩前で構える
	効くツボ 3	定位置をチームで確認する

コツNo.23 定位置を変更して 自軍に有利に守備を固める P60	効くツボ 1	ピッチャーの投球術を把握
	効くツボ 2	バッターの打撃特徴を把握
	効くツボ 3	戦術として定位置を変える

コツNo.24 「つかみ捕る」感覚で 安定した捕球ができる P62	効くツボ 1	つかみ捕る
	効くツボ 2	視線を打球の高さにあわせる
	効くツボ 3	バウンドと自分の動きをあわせる

コツNo.25 受け手の立場を考えれば 送球エラーはなくなる P64	効くツボ 1	成功率100%をめざす
	効くツボ 2	送球相手に優しく投げる
	効くツボ 3	できるだけ上から送球する

コツNo.26 速やかに送球体勢を整え バッターに出塁の機会を与えない P66	効くツボ 1	浅いボールを素早く処理
	効くツボ 2	素早く送球体勢に入る
	効くツボ 3	無駄な動きをなくしてゲッツーをとる

コツNo.27 強い回転のボールは 回転の方向を見極めてつかみ捕る P68	効くツボ 1	回転の方向を見極める
	効くツボ 2	頂点に達する前に捕球
	効くツボ 3	腹部で抱えこむ

コツNo.28 ピッチャーの守備の高さが 相手バッターに重圧をかける P70	効くツボ 1	ゴロを確実に処理する
	効くツボ 2	ベースカバーに走る
	効くツボ 3	バントを的確に処理

コツNo.29 キャッチャーは守備の要 積極的に声をかけて盛りあげる P72	効くツボ 1	ピッチャーの気持ちも受ける
	効くツボ 2	選手の調子を察知する
	効くツボ 3	野手に指示を出す

コツNo.30 予想外の牽制球を使って ランナーをアウトにする P74	効くツボ 1	予想外の牽制球を使う
	効くツボ 2	ダミープレーでスキをつく
	効くツボ 3	ピックオフプレーを見せる

コツNo.31 ダブルプレーはねらわず 最低1つのアウトをとる P76	効くツボ 1	最低1つのアウトをとる
	効くツボ 2	声をかけあう
	効くツボ 3	自由にバントさせない

コツNo.32 外野手はカバーを信じ 積極的な守備をこころがける P78	効くツボ 1	カバーを信じ大胆に守る
	効くツボ 2	試合の展開を意識する
	効くツボ 3	肩の強さを見せつける

コツNo.33 外野手は「素早く」 内外野は「備える」 P80	効くツボ 1	捕球したら素早く返球
	効くツボ 2	ワンバウンドで投げる
	効くツボ 3	ダミープレーでランナーを牽制

コツNo.34 高く弾みきる前に 積極的に捕りにいく P82	効くツボ 1	2バウンド目は弾みきる前に処理
	効くツボ 2	弾むボールは前で処理
	効くツボ 3	ポテンヒットを警戒

PART4 ベースランニング

コツNo.35 全力の走塁を見せて 相手にプレッシャーをかける P86	効くツボ 1	ジャブを打ち続ける
	効くツボ 2	リードを大きくとる
	効くツボ 3	サインがなくても偽盗する

コツNo.36 進塁の意識を6割 戻る意識を4割もつ P88	効くツボ 1	進塁と帰塁は6:4で考える
	効くツボ 2	リードの方向を変える
	効くツボ 3	リードの大きさを変える

コツNo.37 右足体重で構えれば スムーズなスタートがきれる P90	効くツボ 1	右足体重でスタートをきる
	効くツボ 2	スタートをきる度胸をもつ
	効くツボ 3	3盗が得点への近道

コツNo.38 寸前に、低い姿勢をとりスピードを落とさず滑り込む P92	効くツボ 1	低い姿勢で滑り込む
	効くツボ 2	胸やおなかから地面に着ける
	効くツボ 3	回り込んでかいくぐる

コツNo.39 積極的なオーバーランで守備陣を慌てさせる P94	効くツボ 1	スピードを落とさない
	効くツボ 2	ランナーに意識を向けさせる
	効くツボ 3	ファンブルを見逃さない

コツNo.40 相手の癖を見抜けば走塁は成功する P96	効くツボ 1	ピッチャーの癖を見抜く
	効くツボ 2	相手のスキは走塁チャンス
	効くツボ 3	捕球直前にスタート

コツNo.41 「いける」と判断したら迷わずスタートする P98	効くツボ 1	ライナーを的確に判断
	効くツボ 2	ゴロを的確に判断
	効くツボ 3	タッチアップをねらう

コツNo.42 足が速くなくても相手を十分に脅かせる P100	効くツボ 1	スピードをいかす
	効くツボ 2	相手のミスも考える
	効くツボ 3	自信をもつ

PART5 チームプレー

コツNo.43 チームが一丸となればもっと高い能力をひきだせる P104	効くツボ 1	チームの目標を立てる
	効くツボ 2	つらさをいとわない
	効くツボ 3	1人1人の重要性を理解

コツNo.44 周囲をよく見て情熱と冷静のバランスを保つ P106	効くツボ 1	周りを見る
	効くツボ 2	声を出す
	効くツボ 3	チームを引っ張る

コツNo.45 サード、セカンド、ライトにセンスのある選手を配置する P108	効くツボ 1	サードは安定した守備力が必要
	効くツボ 2	セカンドは広範囲をカバー
	効くツボ 3	ライトは肩の強さが肝心

コツNo.46 最強バッターが4番にこだわる必要はない P110	効くツボ 1	チーム構成を見直す
	効くツボ 2	最強バッターを3番に置く
	効くツボ 3	全体のバランスを考える

コツNo.47 プレーボールの前から試合は始まっている P112	効くツボ 1	中心選手を見極める
	効くツボ 2	ピッチャーの力量を推し量る
	効くツボ 3	準備のスキはプレーのスキ

コツNo.48 波をコントロールし試合に勝つリズムをつくる P114	効くツボ 1	波をコントロールする
	効くツボ 2	粘り強さで引き寄せる
	効くツボ 3	得点のタイミングをとらえる

コツNo.49 何が何でも勝ちたい気持ちが最後に勝敗を分ける P116	効くツボ 1	攻め入るスキを見つける
	効くツボ 2	「何が何でも」の気持ちをもつ
	効くツボ 3	前向きに挑む

コツNo.50 相手チームへの敬意がさらにチーム力を向上させる P118	効くツボ 1	相手に敬意を払う
	効くツボ 2	いいところを吸収する
	効くツボ 3	感謝の気持ちと誇りをもつ

監修

大学軟式野球日本代表 前監督
名古屋 光彦 （なごや みつひこ）

全日本大学軟式野球連盟理事。東京生まれ。作新学院高校3年次に全国大会優勝、国民体育大会出場、富士大学準硬式野球部では全日本選手権大会出場の経験をもつ。指導者としては作新学院高校軟式野球部コーチ、同大学軟式野球部監督（リーグ優勝10回、全日本選手権準優勝3回など）、さらに大学軟式野球日本代表監督（2009～2014）を歴任。筑波大学大学院体育学専攻（野球研究室）に進学後、大学の講師（スポーツ科学）を務めながら、スポーツコーチングや野球指導の幅を広げている。

マネージャー

大塚 睦美

小野﨑 美祝

作新学院大学 軟式野球部

モデル

塚越 健雄
キャッチャー

安田 佑平
ピッチャー

南雲 良太
レフト

宮下 太一
ライト

佐藤 修平
ピッチャー

菜澤 亮太
レフト

小森 寛己
ピッチャー

青木 伸人
キャッチャー

山井 偲
ファースト

渡辺 僚
ショート

若木 大祐
キャッチャー

野沢 亮介
セカンド

STAFF

【監修】
名古屋 光彦

【取材・執筆】
吉田 正広

【撮影】
高田 泰運

【デザイン】
沖増岳二 (elmer graphics)

【編集】
ナイスク
http://www.naisg.com/
松尾 里央／岸 正章

【DTP】
佐々木志帆 (ナイスク)

【協力】
作新学院大学 軟式野球部

これで差がつく! 勝つ! 軟式野球 上達のコツ50

2018年6月5日　　第1版・第1刷発行

監修者　　名古屋　光彦 (なごや みつひこ)

発行者　　メイツ出版株式会社
　　　　　代表者　三渡　治
　　　　　〒102-0093 東京都千代田区平河町一丁目1-8
　　　　　TEL:03-5276-3050 (編集・営業)
　　　　　　　　03-5276-3052 (注文専用)
　　　　　FAX:03-5276-3105

印　刷　　株式会社厚徳社

●本書の一部、あるいは全部を無断でコピーすることは、法律で認められた場合を除き、
　著作権の侵害となりますので禁止します。
●定価はカバーに表示してあります。
© ナイスク,2010,2018.ISBN978-4-7804-2042-5 C2075 Printed in Japan.

ご意見・ご感想はホームページから承っております。
メイツ出版ホームページアドレス http://www.mates-publishing.co.jp/

編集長:折居かおる　企画担当:大羽孝志/堀明研斗

※本書は2010年発行の『試合で大活躍できる! 軟式野球 上達のコツ50』を元に
　加筆・修正を行ったものです。